Pensées et Poèmes d'une Heartist

Sabrina HEARTIST GUASSIM

Pensées et Poèmes d'une Heartist

Le Cercle des auteurs

© Sabrina Guassim, 1er trimestre 2017
Contact auteur : sabrinag.heartist@gmail.com
Contact éditeur : lecercledesauteurs@yahoo.fr

ISBN : 979-10-90352-2124

<u>Photo de couverture</u> : « **D'un rien, une poésie** »

Ce qui m'a immédiatement interpellée sur cette photo, c'est la subtilité de la perception...

Lorsque certains y ont vu au premier abord la fragilité d'une fleur que le vent épouse, d'autres y ont vu un bout de tissu flirtant avec la brise du matin... Sauf qu'en realité, sur cette couverture de livre, ce n'est qu'un sac en plastique... Cette photo m'inspire...

Elle introduit à elle seule l'univers dans lequel je vous invite au fil des pages. A l'instar de cette image, laissez-vous surprendre par l'art de voir la beauté, l'espoir et la lumière, là où nul n'y prêterait attention.

Et comme le dit si bien le talentueux photographe **Linstable** : « *L'imagination d'un adulte peut transformer un sac plastique en une fleur. Imaginez celle d'une enfant.* »

Mes sincères remerciements pour cette photo qui représente excellement le message que j'aspire à transmettre. Au coeur de l'obscurité, la lumière a vu le jour...

Photo de couverture prise avec l'aimable autorisation de **linstablephoto.fr**

Préface

J'ai toujours écrit, même lorsque je ne savais pas écrire. Je m'inventais un alphabet, le besoin viscéral de communiquer à travers le papier... J'avais tant de choses à dire. Déjà toute petite j'avais tant de choses à crier, à aimer, à partager... Et seul le papier et l'encre savaient accueillir toutes ces émotions...

Habitant en face d'une bibliothèque, l'univers des livres m'a généreusement bercé dans mon enfance. J'ai tout de suite sacralisé les livres. On chuchote dans une bibliothèque, on prend soin d'un livre et on ne peut l'emprunter sans conditions. Cette atmosphère religieuse dans les rayons me fascinait... Puis, mes parents m'ont offert une machine à écrire. J'ai écrit jour et nuit, tout et n'importe quoi. J'ai pris plaisir à chercher des nuits durant le mot exact, à décortiquer une émotion sur papier. J'ai écrit de ma plus belle plume à mon stylo 4 couleurs. J'ai écrit sur mon ordinateur tout autant que sur le sol.

Certains diront que c'est l'envie égocentrique de laisser une trace sur Terre : probablement...
Mais ce qui est certain, c'est ce désir de PARTAGE, car la vie m'a appris que plus je donnais et plus je recevais...

Cher lecteur, ce livre que tu tiens entre tes mains, c'est bien plus qu'un livre pour moi : prends- le comme je te l'offre. C'est une partie de moi, une part de mes rêves qui s'achèvent au creux de ta lecture. Ce livre, c'est le nectar aussi âcre que mielleux d'années de pensées, de réflexions, de méditations, de jeux de mots juste pour l'amour de la langue, d'hommages tout autant que de dommages, mais surtout de lumière... Ce livre prends-le, lis-le... doucement... repose-le, surligne-le, laisse-le prendre la poussière, écorne-le, laisse-le épouser ta bibliothèque auprès des autres livres tout autant que l'obscurité de ta boîte à gants, laisse-le tomber derrière le canapé tout autant que t'accompagner sur ta table de chevet... Oui, s'il te plaît, laisse-le vivre car ce livre est une partie de plusieurs vies qui ne demandent qu'à te rencontrer, peut-être pour effleurer la tienne...

Que la paix l'emporte

Sabrina Heartist Guassim

Dédicaces

Avais-je besoin d'un livre pour Te remercier ? Mes prières, mes larmes, mes invocations seront toujours carencées face à ma gratitude envers Toi... En réalité, j'ai besoin de tout ce que tu m'autoriseras d'utiliser comme support pour te rendre hommage... Laisse-moi prendre à témoin chaque personne qui croisera ces lignes, que ma petitesse s'incline face à Ta Grandeur... Mon Dieu, je T'aime d'un amour aussi puissant qu'ingrat. Je Te dois tout, même si je ne fais rien... Pourtant, si je suis ici aujourd'hui, c'est par Ta Grâce... Ton Unique Clémence... Pardonne-moi mes fautes visibles et invisibles.

Je T'implore d'agréer ces écrits et de m'accompagner à les perpétuer dans le seul but de Te satisfaire...

A toi, ma douce... ma chanson douce... à toi maman... tu me répètes souvent que tu es fière de moi, mais tu ne le devrais pas maman : tu devrais être fière de toi... Je ne suis que le fruit de ton amour, de ton éducation, de tes valeurs et de ta sensibilité... Je te dédie ce livre, toi dont les proses arabes fleurissent ta bouche depuis toute petite... à toi qui me laissait me délecter des heures durant à la bibliothèque et qui me laissait plonger dans mes livres, me permettant ainsi de vivre dans un monde où la langue française et les livres étaient d'une sacralité si puissante, qu'aujourd'hui encore je peine à réaliser que j'ai l'honneur de t'offrir mes écrits à travers un livre... Si je réalise un de mes rêves ici, c'est parce que tu m'as toujours poussée à y croire, du plus improbable au plus (dé) raisonnable... Je t'aime...

A toi papa... qui m'accompagne certaines nuits d'inspiration où le manque de ta présence se comble entre prières et écriture.

A toi... mon ange gardien... Je t'aime... Merci de m'avoir aimée et protégée comme ta propre fille..

A mes douces sœurs... l'une me manque, l'autre m'est vitale, et l'une est ma fierté... Je vous aime.

A toi, mon frère... qui a été mon premier spectateur de mes folies scéniques gamines ! Ta créativité débordante a su alimenter la mienne, à nous deux on a refait le monde 100 fois et ni l'âge, ni la distance ne pourront nous l'enlever....

A mes enfants... source intarissable de vie et d'amour. Cette vie a trouvé sa saveur le jour où vous avez fait de moi une mère... Mes bébés... A travers ce livre, que je vous dédie, je souhaite vous offrir ce message que j'ai toujours voulu vous transmettre : « Allez au bout de vos ambitions, de vos rêves, de vos souhaits. Osez les rêver et osez les vivre ! Prenez Dieu comme Compagnon et foncez ! Avec Dieu à vos côtés, qu'importe le chemin que vous prendrez, vous arriverez en terre de Paix, et de rêves en rêves, vous apprendrez que certains sont faits pour donner naissance à d'autres plus nobles encore que vous ne soupçonniez même pas de réaliser.» Je suis fière de vous... à toi mon fils mon trésor, à toi ma fille, mon miracle. Vous êtes une lumière pour l'humanité n'en doutez jamais.

A Maissa, Hinda, Samia, Soraya. A ma team qui depuis plus de quinze ans, pleure avec moi et rit avec moi. Laissez-moi partager avec vous ce bonheur : vous le méritez...

A Khalid Mossayd. Tu n'as pas idée de ma reconnaissance, tu n'as pas idée de ma gratitude et je sais combien tu es pudique face aux remerciements. Ainsi je t'invite à les retrouver auprès de Dieu dans mes prières... Tu m'as accompagnée, soutenue et protégée par tes mots. Ce livre n'aurait JAMAIS pu voir le jour sans toutes les heures de travail que tu as passé dessus... Ce livre -ce rêve- a vu le jour car tu as cru en mes mots : mon cher frère Khalid. Tu as contribué à réaliser un rêve de gosse. Que ta bonté envers autrui te parfume le jour de la rétribution.

A toi qui fait battre mon cœur...

A Mme Pons, de ces profs qui détectent en toi LE truc et qui te donnent l'envie d'explorer l'univers, ton univers et de t'épanouir pleinement dedans...

A toutes les personnes qui me soutiennent depuis tant d'années dans mes écrits, ce livre est pour vous...

A toutes les personnes qui m'ont inspiré dans ce recueil et qui ont suscité en moi le manifeste d'émotions qui a éclos au fil des pages...

« *La lumière de ton être ne peut jaillir que si tu fais scintiller celle d'autrui.* »

A travers toi

J'ouvre le bal avec ce poème que j'ai écris pour mon premier enfant il y a quelques années. Je le dédie à mes enfants et à toutes les mères :

Je t'invite à faire un voyage,
Loin et si proche de toi...

A travers moi...
Un pays où tu découvriras combien je t'aime.

Je t'offre mon regard,
Que tu puisses voir l'amour d'une maman.

Je t'offre mon coeur
Qui frétille lorsque tu souris.

Je t'offre ma main qui t'apaise
Face aux terreurs de la nuit.

Je t'offre la tendresse d'un câlin
Lorsque tu te réveilles.
Je t'offre le bonheur que je ressens
Lorsque la vie t'émerveille.

Je t'offre l'amour d'une maman
Lorsque tu dis... « Maman »

Je t'offre cette partie de moi qui vit... depuis toi...
Oui, je t'offre l'amour d'une maman
Lorsque tu dis « Maman ».

Et je garde pour moi ces douleurs que tu connaîtras.
Et je garde pour moi les tristesses auxquelles tu goûteras.

Mais je ne prendrai pas avec moi
Ce qui t'aidera à tenir le jour où je ne serai plus là :
la foi...

Rien qu'un oubli

Ce n'était qu'un oubli,
Je ne suis jamais sortie de ta vie
Dans les méandres de nos cris,
Tu le vois, là, il te sourit.

Mon amour pour toi survit
Comme une vieille dentelle jaunie,
Usée par le temps, par la vie,
Mon amour hante ton esprit,

Celui-là même qui ne s'est pas repenti,
Ton esprit te trahi lorsque tu me renies,
Car ton cœur refuse de m'éteindre dans l'oubli.
Lui seul sait qui je suis

On ne se prépare jamais à vivre dans l'oubli
Lorsque le sang nous unit...
Et pourtant.

Alors je me suis construit un abri.
C'est mon petit Paris,
Si romantique sous la pluie.

Oui, je me suis construit un abri
À l'aide de mots vieillis,
A l'aide de tes « je t'aime ma chérie »,

Loin des cris, loin de cette folie,
C'est ça oui !

On s'aime d'une folie qui unit et désunit.
On s'aime au travers de nos vies,
Et cela ne nous suffit

Il nous paraît court, à nous, l'infini.
C'est avec ou sans moi que tu continueras ta vie.
C'est ce que je ressens lorsque tu m'oublies.

Du fond de mon abri je me dis
Que non, ce n'est qu'un petit oubli.
Oui, dis moi que je suis bien plus qu'une vieille dentelle jaunie
et usée par la vie...

A la femme de ma vie

J'ai pleuré le mort et j'ai pleuré le vivant

J'ai pleuré le mort et j'ai pleuré le vivant.
Lui, il ne reviendra jamais
et me laisse pour seule consolation
Les souvenirs que le temps balaye, comme les fleurs de mai.

Elle, elle est toujours là et me laisse pour seule consolation
L'espoir que la vie nous réunisse
avant ce dernier souffle plus sec que Chergui.

Lui n'a pas toujours été là pour moi de son vivant,
mais tellement présent aujourd'hui depuis son départ.
Paradoxe d'un prisme sans lumière.

Elle, sur ses ailes elle m'a porté pour me laisser voler,
mais ne m'a jamais pardonnée d'avoir brûlé les miennes.
À elle je ne suis ni sa fierté ni sa honte,
À lui je n'étais ni sa crainte ni son espoir.

Voilà, ici où je suis je ne suis rien d'autre que moi.
Mon cœur et mon amour n'ont pas suffi à le garder en vie.
Ma candeur est morte avec lui,
Mon cœur et mon amour n'ont pas suffi
à lui prouver qui je suis.

Mon espoir est mort un soir d'hiver sans elle.
L'abandon du cœur est pire que la séparation du corps.
Ici, là où je suis, je ne peux m'empêcher d'être moi.

Je ne sais pas porter les parures des autres
Pour dire de lui qu'il m'a laissé en paix.
Je ne sais pas transformer les mots en mensonges,
Et lui dire ce qu'elle rêverait d'entendre

J'aimerai simplement et sincèrement dire
ce qui devrait pourtant nous réunir,
Au-delà des déceptions, au-delà des incompréhensions,
J'aimerai leur dire ce que seul le sang et la chair
Ont construit pour le transmettre au cœur,
J'aimerai oui...

J'aimerai leur dire : « Je t'aime », mais nul ne m'entend...
Lorsque mon corps souffre et endure,
Je pense à lui,
Que la maladie a embrassé de ce doux baiser mortel.
Je pense à elle,
Que la maladie a caressé jusqu'à vouloir l'étouffer.

Ici, là où je suis, je ne sais pas arrêter de pleurer
Le mort et le vivant.
Le mort ne reviendra pas mais le vivant ?

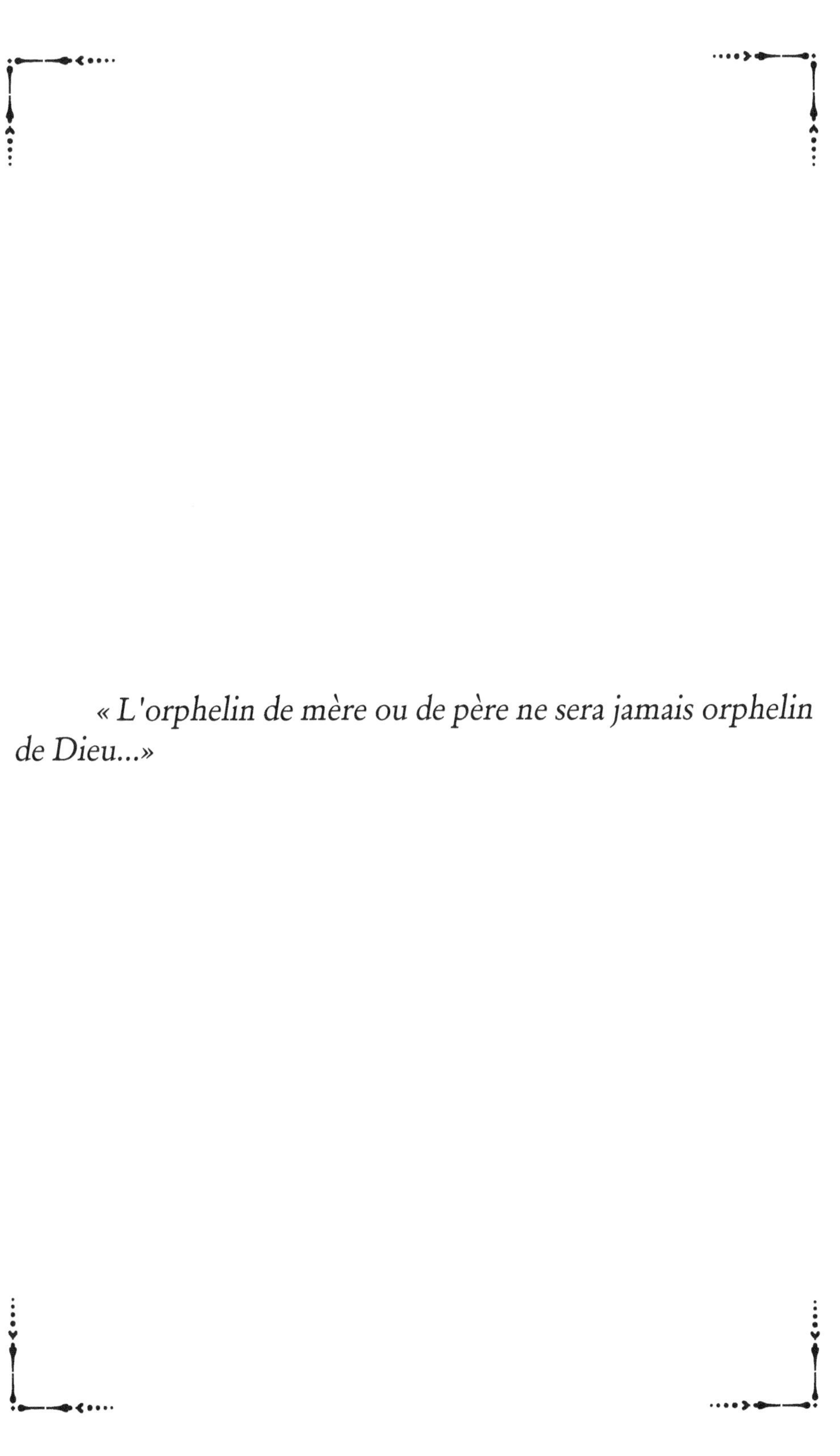

« *L'orphelin de mère ou de père ne sera jamais orphelin de Dieu...*»

Victime d'hier, héroïne de demain

Part. 1

Du coup de cœur à l'overdose de tes torts,
Du coup de tête à la métamorphose de mon corps,
J'prends mes clics et mes clacs,
Marre de tes cris, de tes claques.

Mon corps en sursis craque
Sous tes mains défraichies et démoniaques.
Même une poupée sans vie devant toi meurt de trac.
Homme au-demi, t'es qu'une arnaque.

Battre la femme de sa vie, c'est comme respirer au black.
T'façon « ta chérie », ton terrain d'attaque,
Retrousse ses manches et se dit :
« C'est le black-jack de ta vie qui se joue :
tu vis ou tu finis dans un sac. »

Aux victimes d'hier, aux héroïnes de demain.

Ôde au Printemps

Pour fleurir mon être,
J'emprunte au temps le Printemps,
Je m'enveloppe de nuages au fil des pages.
À cette saison, la pluie est joueuse
Et intrigue les âmes boudeuses
Dont l'orage, de leur colère
Fait frissonner le plus froid des hivers.

La pluie n'est pas mesquine.
Elle taquine le soleil,
Et le ciel qui s'arc en ciel
Colore et ponctue mes journées
En soif d'une vie printanière.
Ma joie de vivre bourgeonne,
La saison des avants-premières se présente et résonne.

Cette mélodie annuelle nous interpelle.
On s'émerveille face à une vie perpétuelle qui se renouvelle.
Paradoxe fleuri d'une vie nouvelle qui ne meurt jamais.
Nous sommes spectateurs d'une saison théâtrale.
Silence : une fleur éclôt ; le chant des oiseaux fait écho :

Ils ont ouvert le bal.

Emprisonnée

Emprisonnée,
Je m'essouffle, je m'épuise,
Je m'enfonce, je m'enlise
Dans les ronces de mon *h-être*.

Comment me libérer de ces *chênes* ?
Enracinée comme un saule pleureur,
Écorchée à l'intérieur,
Personne ne voit que je meurs.

Tout le monde se leurre du doux parfum de mes fleurs,
Mais ma propre sève m'empoisonne
Et les mauvaises herbes elles, foisonnent.

Emprisonnée dans un corps
Qui régit mon sombre sort.
Emprisonnée en pleine liberté,
Pure hérésie que de l'imaginer !

M'envoler sous terre
Et nager dans les airs,
Rien ne peut surprendre
Un prisonnier de sa propre liberté,

Comme un corps qui ne répond plus
A un cœur qui crie sa détresse.
Victime ou vaillant, il faut choisir son rang.
La plus belle arme est patience et sagesse.

On dit souvent : « Est-ce que quelqu'un là-haut m'entend ? »
Je m'interroge si je sais moi-même m'écouter...
Convaincue que la présence de L'Omnipotent
Est pour moi la seule voie de félicité.

Je patiente et prie pour ne jamais connaître la fatalité,
Souffrance visible ou invisible,
Maladie connue ou indescriptible,
L'espoir ne meurt jamais lorsqu'on le conjugue avec sa foi...

Alors il est temps de s'emprisonner d'espoir,
De vivre libre et loin des maux qui nous rongent,
Fussent-ils au plus profond de notre être.

À toutes celles et ceux qui souffrent,
Et ce, quelque soit votre souffrance...

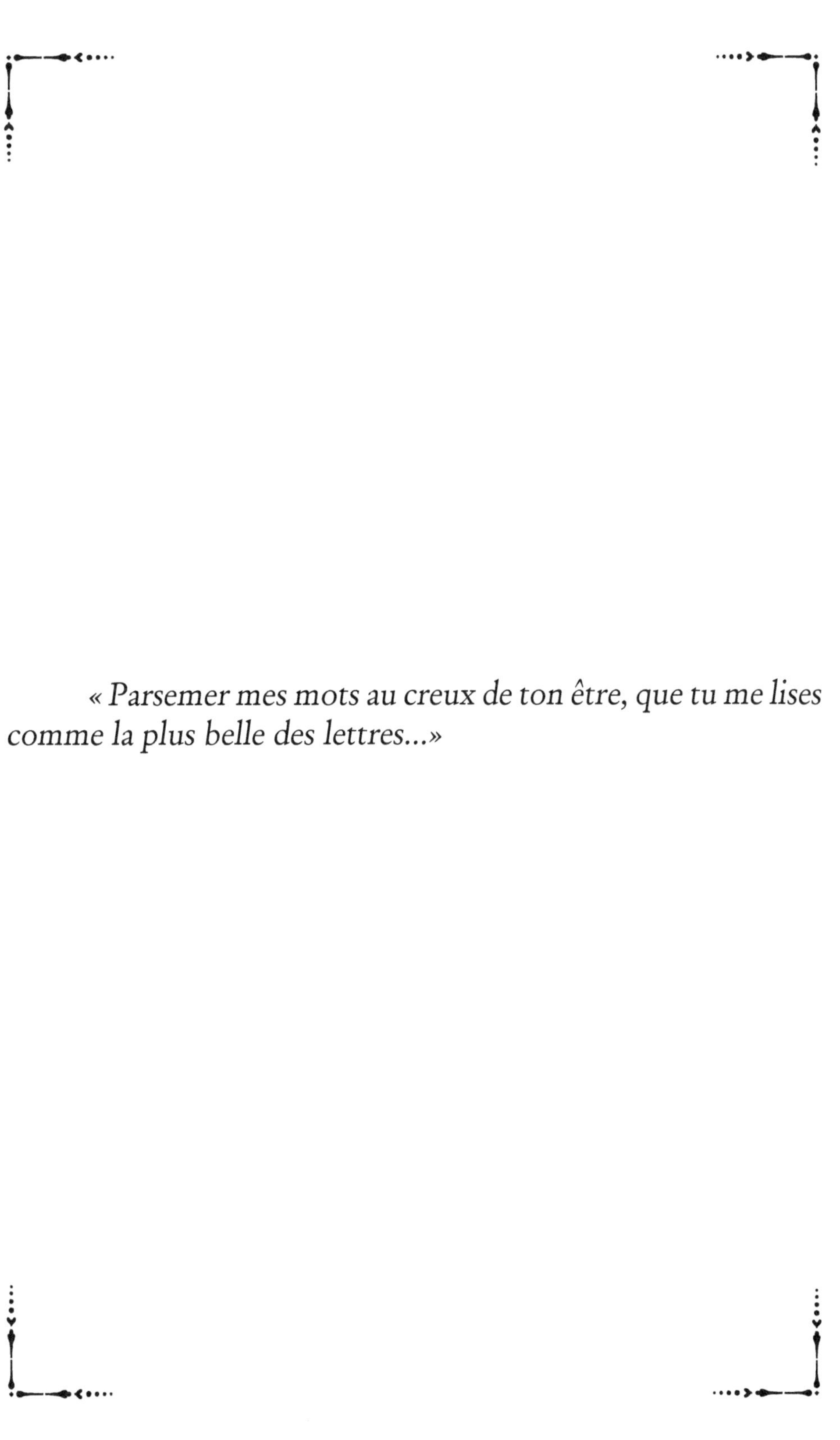 « *Parsemer mes mots au creux de ton être, que tu me lises comme la plus belle des lettres...*»

Mon *rePère*

J'ai voulu apprendre à marcher
Comme une grande,
Sur la route périlleuse de la vie,

Et tu m'as dit :
« Ma fille, chaque pas que tu feras,
Je te porterai jusque mon dernier souffle. »

Alors j'ai avancé,
Puis j'ai trébuché,
Le jour où c'est toi qu'on a porté...

Depuis, comme une funambule,
Je tente de garder le cap,
Et à chaque fois que le vide veut m'aspirer,
Je me souviens que j'ai marché
Sur les pas d'un grand homme.

Et là, à ce moment précis : je grandis...

Victime d'hier, héroïne de demain

Part. 2

Tous, ils ont voulu l'aider,
Tous ont essayé de la relever,
Tous ont partiellement partageé ce qui la ronge.

Prétendre la comprendre serait mensonge,
Et tous on dit : « Je compatis ».
Tous ont vu son regard en fin de vie.

Personne n'a su la sauver,
Personne n'a su la relever,
Personne n'a cru qu'elle s'en sortirait.

Alors seule,
Seule elle comprit que son corps
Ne serait plus un sombre réceptacle.

Seule, elle comprit que sa vie
Ne serait plus l'ombre d'un prétendu oracle.
Seule, elle comprit qu'elle devait s'aider et s'aimer.
Seule, elle comprit qu'elle n'y arriverait jamais seule.

Et c'est seule qu'elle découvrit Le Seul.
Celui que Tous IL a créé et que personne ne peut égaler.
C'est auprès du Seul qu'elle su que seule,
Sa lumière saurait l'annoblir,
Oubliant le mal passé et prête à affronter le mal à venir.

Rien ne sera plus pareil,
Car dans sa détresse et sa solitude,
Elle a su, elle a pu et elle a cru.

Plus jamais il ne l'invitera à se laisser faire,
Plus jamais il ne s'invitera à la *Lucifer*.
Plus jamais son corps ne subira,
Plus jamais son âme ne s'étouffera.

Libre, elle respirera le soleil de la vie,
Elle se purifiera par la pluie de ses larmes
Et existera par la Lumière de Sa Guidée.

A toutes les victimes d'hier ou d'aujourd'hui :
vous êtes les héroïnes de demain...

La douce saison

Je les ai entendu m'accueillir de leur doux chants,
Derniers oisillons de la saison.
J'ai levé les yeux au ciel,
Moi qui invitait mon regard
A contempler les douceurs
Mi-estivales mi-automnales sur terre.

J'ai levé les yeux au ciel
Pour repondre à leur invitation mélodieuse
Et j'y ai découvert la promesse d'une nouvelle saison,
La promesse d'une nouvelle brise,
La promesse d'un nouveau décor
Aux couleurs soyeuses et inspirantes.

La promesse d'un Dieu sans cesse Présent
Pour celui qui sait être sensible à Ses Signes...
J'aime l'automne, Ses couleurs s'expriment à travers Lui.

« *Donne toujours le meilleur de toi-même, mais assure-toi de ne pas récolter le pire des autres...* »

On m'appelle A.

On me ruse, m'use, puis me colle, me rafistole.
On me découpe, me loupe puis me brode
De mots vidés de sincérité.

Je m'appelle A.
Comme un vulgaire anonyme,
Je suis le synonyme d'un hymne jadis victorieux.

Trop déçu pour me dévoiler à vous publiquement,
Et pourtant !
Vous me connaissez tellement...

Je suis cette étincelle qui ravive les cendres d'un foyer éteint...
Je suis celui qui vous accompagne
Lorsque votre cœur s'enflamme.

Je suis... J'étais... Qui suis-je aujourd'hui ?
Un sentiment déchu ? Un espoir perdu ? Une sombre lumière,
Un éternel éphémère...
Qui suis-je ?

Au nom de ce que je suis et à mon plus grand désespoir,
Vous seriez capable de tuer !
Tandis que je prône l'union, vous vous séparez, vous déchirez.
Désillusion.

N'entendez-vous pas mon appel au secours !
Diffusez cet ôde à l'*Unmour* :
Individualisme, Indifférence, Intolérance.
Se peut-il que l'Homme vive sans moi ?

Je m'appelle A.
Et je vous implore de me montrer
Qu'en chacun de vous demeure un peu de moi.
On me trouve trop vieillot, trop rétro,
On me trouve trop avant-gardiste, trop minimaliste,
On me trouve trop fleuri, trop *mimi*.

Pas assez fou, pas assez rock.
Pas assez dur comme un vieux roc.
Acceptez-moi tel que je suis,
J'ai fait le bonheur des nations qui vous ont précédés.

Aujourd'hui, je me sens perverti, trahi :
Qu'avez-vous fait de moi ?
Cessez de m'utiliser pour tromper autrui.
A cause de cela, certains jurent de ne plus jamais m'approcher !
Se peut-il que l'homme vive sans moi ?
Je survis dans le cœur innocent d'enfants.
Rendez-moi ma liberté !

Laissez-moi sortir et dire au monde entier
Qu'il n'y a aucune honte, aucun blâme à s'aimer !

Je m'appelle Amour,
Je suis gratuit, sincère, honnête et transparent.
Je suis garant d'un sentiment
Qui fait vibrer les cœurs au gré du vent.

Sourire sans l'attente d'un retour,
C'est apprendre à me conjuguer moi : **Amour**

Le chant des sirènes

Lorsque j'écoute l'homme,
En moi résonne ce chant des sirènes
Qui sonne faux lorsqu'il atteint la rive de mon cœur.

C'est un cri strident qui m'envahit et m'oppresse.
Alors, je me réfugie chez Le Seul
Dont la parole apaise
Avec une universalité propre et unique à Sa création.
Miracle divin : le *Qur'ân* est entre mes mains.

Récitation exquise qui nourrit mon être de cette saveur
Que seuls les cœurs éveillés peuvent déguster.
Parfaire mon âme d'un *Qalam* jadis soumis à Son décret...

C'est à mon tour aujourd'hui d'honorer ces écrits divins
A travers mon adoration.
A mon tour de contribuer
A la perpétuité de notre pleine soumission.

Le ciel appelle ma foi à s'élever
Et le sol appelle mon front, mes mains à L'adorer.

Et mon être s'emplit de Sa présence
A travers une *Basmallah*[1] qui accueille celles et ceux
Qui voudront plonger dans une mer de paroles divines
Pour s'y purifier.

Loin, très loin du chant des sirènes...
Alors prie jusqu'à atteindre le ciel de ta foi
Et ne crains pas d'avoir le vertige.

Là-haut, tout là-haut,
Laisse-toi guider par les nuages des mots sacrés
Qui se sont formés par ton *Dhikr*...

---

1. Formule qu'on retrouve généralement avant chaque Sourate du Coran.

« Ta signature divine se retrouve dans la beauté de tes
paysages. Ton appel s'entend dans les sons du vent qui épousent
les arbres. Ma petitesse s'incline devant Ta Grandeur. »

Elles sont là...

Elles sont là sur mon visage, translucides et chaudes.
Elles n'ont de cesse de troubler ma vision...

Errantes comme mon humeur, maussade je le suis.
Je sais viscéralement qu'une lumière est en moi
Et que je me dois de m'accrocher à l'espoir
Qu'un jour elle jaillisse de tout mon être pour l'illuminer.

Cependant, elles sont là...
Elles se suivent et terminent leur vie
Sur un vulgaire papier mouchoir.

Certaines ont parfois la chance de voyager jusqu'au sol
Où on les prendrait presque pour de simples gouttes de pluie...

Sauf qu'elles..
Elles, chacune d'entre elles sont porteuses du même message :
Mon cœur meurtri pleure...

Parfois, et c'est bien là le plus grand danger,
Elles ne voient jamais le jour...

De cette naissance avortée,
Elles inondent mon être de souffrance.
De là, c'est tout mon corps qui pleure.

Il m'arrive de penser qu'un jour
Elles risquent de noyer cette lumière
Qui me permet de vivre et « respirer l'air de l'espoir ».

Pourtant, même les jours les plus sombres
Où elles anéantissent toutes les couleurs de mon âme,
Il existe au fond de moi cette lueur étincelante
Qui réitère les mêmes mots depuis toujours :

JE suis là...

Go back to black

Laissez-moi vous dire ô combien une ombre,
Aussi sombre et obscure qu'elle n'y paraît,
N'est que la continuité de votre être.

Laissez-moi vous dire qu'à trop regarder
Toute forme d'incandescence,
On omet de se tourner vers notre « force obscure ».
Dieu est Lumière face à nos propres ténèbres...

Et si affronter ses propres abysses et nos monstres intérieurs
Etait le pont pour accéder à une âme
Dont la paix ne serait que le scintillement ?

Et si apprendre avec sa noirceur nous permettrait d'apprendre
A vivre avec Sa lumière ?

Un retour sur soi ne peut se faire sans le retour au sombre
Afin de ne plus jamais y revenir...

Tous les fruits sont fertiles

Acceptez-vous avec vos erreurs,
Vos défauts et vos maladresses.
Sinon c'est que vous avez oublié ce qu'est un être humain,
Oublié ce que nous sommes, ce que VOUS êtes...

Rien n'a plus de charme
Que de découvrir la vie à la lumière de nos erreurs,
Car la vie,
Avec une constante parfaite et linéaire,
N'aurait aucun intérêt.

Dieu nous a créé parfaitement avec nos imperfections.
C'est au cours d'une vie
Qu'Il nous est destiné à être ce que nous sommes.

Le fruit de petites fautes ont été LA voie
Pour faire de grandes et honorables choses.
Ne sous-estimez pas vos défauts,
C'est là que résident leurs qualités.

Hypocrisie ambiante

Le but d'un hypocrite est qu'il soit méconnaissable de telle sorte à ce que ses mots soient miscibles avec ceux des véridiques. N'a-t-il pas compris que c'est avant tout à lui-même qu'il ment ?

Il y a comme une atmosphère d'hypocrisie ambiante...

« Je suis si Sincère » ...Oui... « Since » l'ère de la perdition.
L'Homme est en voie de disparition.
L'homme, le vrai,
Cet être humain qui n'a plus rien d'humain,
Si ce n'est son nom...

Oui, son coeur est atteint
Et on ne vit qu'à la surface de notre être,
Comme on ne vit qu'à la surface de la Terre.

On a puisé et épuisé les profondeurs de cette planète,
Et aujourd'hui elle crie famine,
Mais personne n'y prête attention,
Trop occupés à regarder ailleurs...
Au plus profond de notre être,

Dans les abysses de notre esprit,
Là où la lumière ne peut fleurir, l'Homme se perd.

Alors Qu'IL est là, si proche, enveloppant notre âme,
Mais l'Homme fait mine de ne pas Le voir.

Cette hypocrisie envers Lui,
Est le reflet de cette hypocrisie envers lui-même.
Sincérité déchue.

« Les masques à la longue collent à la peau.
L'hypocrisie finit par être de bonne foi. »,
Disaient Edmond et Jules de Goncourt.

Encore et toujours,
Nous avons rajouté un masque à notre masque.
Nous en portons tellement,
Que nous ne sommes plus capables d'aller
Là où personne ne nous connaît : au fond de soi.

Tout le monde veut plaire à tout le monde,
Et personne ne veut être comme tout le monde.
Ainsi, tout le monde, c'est Personne.

Alors, qui sommes-nous ?
Aujourd'hui, tout le monde se marche dessus,
En voulant être au-dessus de chacun.
Sauf que personne ne s'élèvera,
Car tout le monde se piétine,
Au lieu de s'entraider afin d'élever l'Humanité.

Ici, sur Terre, il y a comme une atmosphère d'hypocrisie ambiante, vous ne trouvez pas ?

C'est à travers elle que je suis

Et je tombe,
Dans la pénombre de ton ombre.

Tu es la sombre lumière qui froisse mon coeur,
En restes, en poussières...
Ce n'était qu'un leurre.

Je me croyais être chère
Dans ton regard de sœur.
Il est temps pour moi
D'utiliser ce *parapluie*
Qui me protège contre cet amour en éclats
Que tu m'éparpilles
Avec tes mots sans émois...

A chacune de tes arrivées,
Je plonge dans l'euphorie de ta présence,
Oubliant qu'elle est éphémère.

Tu vis mon absence avec tant d'aisance,
Pendant que je demeure seule, sans paire...

A chacun de tes départs,
J'attends naïvement ta promesse, ton retour.
Mais il tarde...
Et je suis lasse de résoudre l'énigme de notre amour.

Il est temps pour moi d'accepter
Que c'est ainsi que tu sais m'aimer.

Prisonnière de ma patience,
Elle réanime mon amour
Qui s'étouffe par cette absence
Jusqu'au jour....

Quand tu as mal

Parce qu'elle nous ronge, parce que nous ne savons pas comment vivre avec elle, nous nous empressons d'obstruer ce mal en nous. Mais il demeure...

Quelque soit son origine, la souffrance est la sève de tous nos maux. Elle paralyse notre cœur et notre corps survit. Elle entaille nos joues de par ses larmes aveuglantes et rien ne sert de s'époumoner à crier notre souffrance car elle n'est entendue que par notre être meurtri... Alors que faire ? Et surtout qu'en faire ? Vers qui se tourner ?

IL est Grand lorsqu'IL insuffle de la paix dans la petitesse de ma souffrance et ô combien il est temps pour moi de la respirer par le cœur et de m'en inspirer pour t'accepter. Toi la souffrance qui n'est là que pour m'avertir et me bonifier. Le tout est de le conscientiser, et c'est la citation ci-dessous qui me l'a rappelé :

*« Les olives sont pressées pour obtenir de l'huile. Les fruits sont pressés pour obtenir le jus. Les fleurs sont broyées pour leur parfum. Ces méthodes sont utilisées pour obtenir le bienfait des choses. Alors, quand tu te sens sous pression dans la vie, c'est juste qu'Allah Le Très-Haut souhaite obtenir le meilleur de toi-même »**

** source inconnue*

C'est au milieu d'une foule mielleuse que j'ai rencontré la solitude. Elle avait cette saveur âcre que beaucoup lui confèrent. Je l'ai regardée droit dans les yeux et lui ai dit :

« Maintenant que je suis là, je te tiendrai compagnie car c'est ensemble que nous finirons seules...»

« Rendez-vous en terre inconnue » : la destinée

Lorsque ta destinée te prend en main, tu te laisses bercé par la mélodie de ton avenir. Innocent, presque naïf, tu y crois et tu fermes les yeux avec ce goût d'infini. Convaincu que rien ne pourra t'arriver car elle a déjà tout prédéfini pour toi, ta destinée...

Sauf qu'un jour, l'amour s'arrache à toi et te voilà meurtri sans la pulpe de ton cœur. L'incompréhension t'envahit et tu interroges ta destinée, tu lui en veux parfois...

Elle ne t'a pas prévenue qu'un jour elle te priverait de ton essentiel, toi qui avait mis tant d'années à l'attendre, l'espérer.

Elle ne t'a pas prévenue qu'un jour elle te laisserait orphelin d'amour, toi qui croyait que cette émotion était indélébile.

Mais la destinée, la vraie, n'est pas celle que tu as choisi de vivre : il s'agit de celle que tu as choisi d'ACCEPTER de vivre, qu'importe ce qu'elle t'apporte ou ce qu'elle t'enlève..

Accepte ce qu'elle t'offre et ne ferme pas ton cœur sur ce qu'elle te donne, mais accepte également que ce qu'elle t'a enlevé n'était dans ta vie que pour un temps déterminé, loin, très loin de ton idéale éternité...

On veut lui crier dessus parfois, lui dire qu'elle est injuste alors qu'elle n'a jamais été aussi juste envers nous...

On veut la remercier parfois, lui dire qu'elle nous comble alors qu'elle ne fait rien d'autre que d'être juste envers nous...

Enfin voilà, tu l'as compris : ta destinée c'est LA TIENNE. Elle s'est écrite à l'encre de ton souffle de vie. Et elle, aussi difficile et miraculeuse qu'elle ne semble l'être, nous est parfaitement destinée, notre destinée...

Tant que mon cœur bat

Ne t'inquiète pas pour moi,
Tant que mon cœur bat,
Je n'abandonnerai pas.

La vie est capricieuse,
Mais jamais vicieuse.

Certains se cachent derrière la tristesse
Pour ne pas affronter leurs faiblesses.

C'est un choix destructeur
Qui gangrène les cœurs.

Se battre pour ce et ceux que l'on aime.
C'est ainsi que l'espoir se sème,
C'est ainsi que se dissipe la peine,
C'est ainsi qu'enfin, on aime.

Moi ici, d'où je suis,
J'ai choisi la vie,
Et je resterai comme cela : tant que mon cœur bat.

Ne t'abandonne pas dans la souffrance

Un jour, j'ai lu qu'avoir mal était inévitable,
Mais que souffrir était une option.

Ce jour-là, l'écho de mes peines
Et de mes incompréhensions.
Ce jour-là oui, ils s'envolèrent
Et flirtèrent avec le vent,

Caressant ainsi le mistral,
La brise matinale et les torrents.
Et mon être s'est retrouvé en moi,
Profondément inscrit en moi.

Le mal ne se choisit pas certes,
Mais il ne se subit pas.

Warrior, je suis née un petit matin de printemps,
Et lorsque mon corps aura vécu toutes les saisons du temps,
Mon âme conquérante, puissante,
Aimante et prête à nous quitter,
Sera le reflet d'une vie écrite
Dont la douleur n'était que beauté,

Dont la beauté dans la douleur
N'est que ce qu'il fallait cueillir.

Et jamais ne fâne la fleur des doux souvenirs.

Un jour, j'ai lu
Qu'avoir mal était inévitable,
Et que souffrir était une option.

J'aimerai oui, sans pudeur aucune,
Me dire que ce que tu lis te guériras tout autant que moi...

« J'écris en noir et blanc sur une feuille blanche mes émotions en couleur, pour que s'arc-en-ciel ma plume, mots après mots. »

Ma nuit des étoiles

Au nom de ma plume,
Je vous écris ce mot,

Je ne peux voir la lune,
Je suis un peu plus haut,

Assise sur une étoile,
J'attends mon héros,

D'ici les cœurs se voilent,
Et se meurent bien trop tôt.

Sur cette constellation,
Se déposent nos maux.

Certains sont si profonds,
Que j'entends leurs échos.

Au nom de ma plume,
Laissez moi écrire,

Avant que le ciel ne s'embrume
Et que je ne puisse décrire,

Les reliefs de nos âmes pleines d'écumes
Nous empêchent de sourire...

J'écris de cette constellation
Que j'ai découverte en été.

Imaginez ma consternation
Lorsqu'elle a disparue et m'a aveuglée.

Au nom de ma plume,
Mon ami là-haut...

Pourquoi moi j'assume ?
Et toi aucun de tes mots ?

Ma chandelle est morte,
Mais je te fais la promesse

D'être encore plus forte
D'écrire au passé dénuée de tristesse.

On la surnomme « Tawba »

Je débordais d'amour,
J'ai fait une overdose.

Je respirais, transpirais l'amour,
Et *j'lui* criais en prose.

Je l'ai aimé plus que moi-même,
Je l'ai noyé de « Je t'aime ».

Je faisais du bouche à bouche
À notre histoire mise sur la touche.

Je l'ai sur-oxygénée,
J'crois qu'elle s'est intoxiquée.

Je vais compter en années,
Pour pouvoir la démystifier.

Je l'ai aimé cet écorché,
Et mon cœur s'est accroché.

Le genre d'amour qui rend fou,
Où la limite est tabou.

Il m'a déconnectée de la réalité,
Plus de réseau d'où j'étais.

J'ai perdu tout contact humain,
Et je rêvais de ses mains.

Hypnotique, c'était mon gourou,
Hérétique, j'étais au fond du trou.

J'ai rien vu venir,
Normal, je ne voyais plus rien.

Je priais Dieu qu'il n'y ait plus de lendemain.

Sa fragilité m'a touché en plein cœur,
Son absence m'a meurtri le cœur.

Après lui, *j'leur* ai dit aux autres que c'était Tchernobyl,
Qu'ils oublient mon battement *d'cils.*

Que mon cœur aimait mutant,
Zone irradiée, vaut mieux rester distant.

Il m'a achevé, m'a broyé, m'a aimé,
Et m'a laissé avec mes angoisses et mon passé.

Je repense à mon rendez-vous
Avec Le Miséricordieux,
Et *j'me* dis que je vais prendre *perpet'* dans les cieux.

Un *all-exclusive* avec vue sur le feu,
À cause d'un amour amoureux.

Puis, je sais pas d'où ça vient,
Mais je sens qu'IL me tend la main.

Prêt à *m'pardonner* et à me libérer,
Je me suis emprisonnée, cloîtrée,

Et j'ai laissé cette passion gangrener,
Complètement vidée,
J'ai flirté avec la fatalité.

C'était sans compter Celui qui jamais ne m'a abandonné,
Qui a su bonifier mes plus sombres regrets.

Aux miracles ils ne croient pas ?
Alors que la foi implose pour son Roi.

Aujourd'hui, grâce à chaque passion,
J'ai grandi et suivi Sa Direction.

T'façon j'irai là où IL L'a décrété.
Et Dieu que c'est bon de se sentir guidée...
Je débordais d'amour mais pas pour le bon...
C'était un langage de sourd et Dieu m'a rendu la raison...

Moi ? Honte ? À quoi bon ?
Je crie, j'écris tout haut ce qui se cache au fond,
Ce que personne n'ose dire,
De peur d'être hors norme, mais voyons !

D'amour, tous nous souffrons,
D'amour, tous nous vivrons.
On voit sous votre paillasson
La poussière de vos passions.
Sache juste que t'es pas seul(e) dans ta perdition
Et que la guidée est à l'horizon.

Je dédie ces quelques mots à toutes les âmes en peine se croyant déchues. Vous m'avez inspiré et j'espère que ces mots vous inspireront vers la paix.

Game Over

Le temps passe puis efface, j'étais lasse qu'il soit mon As.
Joker pour moi, je passe mon tour,
En hyper émoi je trace, je cours.

Je ne suis qu'un cœur et ma dame ne veut plus de son roi.
Qui prendrait peur de mon âme et de ses lois ?
Pas de cavalier pour protéger ma reine,
Ni de chevalier pour m'évader sans peine.

Je ne monterai pas dans ta tour, y a le vertige qui m'entoure.

Le cheikh est mort, à ce qu'il paraît,
L'échec rend fort, à ce qu'il paraît.
Mais je suis pas de ces pions,
Du genre ovni défiant les saisons.

Je suis pas trop délire poker, ni jeux de hasard et main de fer.

Celui qui double la mise grâce à ses dés,
Ne m'attends pas, je suis pas un jouet.

Je suis plutôt domino,
Pauvre sot.

Les liens sanguins sont parfois aussi douloureux qu'une plaie ouverte lorsqu'ils sont altérés, mais même si ce lien fraternel nous unit, nous détruit, nous construit, il y a toujours dans la souffrance, l'amour, la complicité et l'adversité de nos relations, quelque chose qui nous lie :

« C'est à travers elle, ou lui, que je suis »

« *Rend-donné* »

Aux pieds de la falaise,
Je t'ai trouvée.

Tu es cette antithèse
Que j'essaie de déchiffrer.

Et mon cœur me pèse
A vouloir t'oublier.

Pourtant si à l'aise à tes côtés,
La vase chuchote aux galets
Ce que la mer ne saura jamais.

Alors j'assiste à leur ballet,
Et les vagues viennent s'en mêler,
S'emmêler à mes pensées,
Panser mes *mais* lésés.

Car c'est en haut de la falaise que tu m'attendais...

Darkness in my sleep

Lorsque mes yeux s'obscurcissent,
Lorsque mon âme s'hérisse,

Alors je me laisse envahir par le chaos,
Pensées maudites par le Très-Haut.

Mais dites-moi ? Faudrait-il que je meurs
Pour atteindre les tréfonds de son coeur ?

Dois-je être sans vie pour exister enfin en lui ?
J'ai lu « Je t'aime » hier... Et j'étais tellement fière.

Je ne lirai pas « Je t'aime » demain...
Car ses maux se comptent sans fin...

Et puis...
Je lis « Je t'aime » ce soir...
Et je suis dans le noir.

Je crois que je suis une lumière dans sa vie,
Mais il ne le voit pas.
Je crois que je me suis assombrie sans lui,
Mais il ne le voit pas.

T'façon je tourne en rond sans lui,
Mais je ne le vois pas.

T'façon, je touche le fond sans lui,
Mais je ne le vois pas.

Dieu merci, je me réveille de ce cauchemar ébène...
Pendant ce temps, il pleure... et signe d'un « Je t'aime ».

Emotions météorologiques

J'ai entendu les gens exaspérés,
Glacés de corps et de cœurs de froid.
J'ai vu la pluie du ciel et des êtres tomber,
Brillamment, tout autour de moi.

Mais surtout lui, le vent,
J'ai entendu sa colère et pourtant,
Se peut-il que son cri soit une mélodie ?
Se peut-il que son exil soit inutile ?

Imperceptible, raz-de-marée intérieur,
Mon sang en cendres m'écœure.
Marée basse parfois je respire enfin,
Et je contemple cette forme d'espoir sans fin.

On y voit la nacre au sol de mon être.
Elle brille timidement et laisse apparaître
Des éclats de moi qui se reflètent,
Scintillants au loin sans nous compromettre.

Le vent les emporte sur une autre Terre.
On y accueillera mes mots là-bas peut-être,
Et la langue des cœurs pourra enfin (re)naître...

L'effet Nocebo

Je leur montre le bonheur,
Masquant les affres de mon coeur.

Je leur montre la joie, joyau de jade,
Jaillissant de ma douleur,
Ils ne connaissent pas son origine,
Car seul Toi connaît mes larmes et mes pleurs...

J'essaie, m'efforce et m'essouffle au-delà des heures,
J'espère, désespère, erre à l'ère des fabulateurs.

Mon âme est une masure,
Depuis le départ de ton cœur...
Je leur montre l'optimisme,
Alors que je m'abreuve de frayeurs...

Je parle la langue d'Esope, espérant le meilleur,
Mais seul le pire asphyxie une émotion qui se meurt...

Je jongle entre chimères et malheurs.
Il me semble qu'il s'agit d'une tumeur...
Qui t'embrasse, t'embrase,
Et te rase le cœur.

Mon printemps n'est plus... c'est l'heure...
Un jour j'ai rencontré un aiguilleur,
Réajustant mes aiguilles sans douleur.

Depuis, je me suis sentie en apesanteur,
Libre et légère sans aigreur.
J'ai vécu une émotion onirique, un leurre,
Enfin je ne sais pas... je n'entends plus mon cœur...

Ce qu'ils voient de moi me convient,
Eloignant les admirateurs,
Je ne suis rien d'autre que moi, espoirs et peurs.

Un jour j'y crois et l'autre jour est empoisonneur.
Un jour je souris et l'autre je pleure.

À vrai dire je ne suis qu'un être humain avec un cœur.
Il bat, vit, survit et se veut réunificateur.

Dans mon égarement,
Sauverai-je de l'isolement un frère, une sœur ?
Je n'en sais rien... j écris tant que pour moi c'est salvateur.

Je jure que dans le désespoir, c'est l'obscurité qui meurt.
Je jure que dans l'espoir, c'est attendre qui est trompeur.

Laissons-les croire que tout va bien mon amour...
Je ne sais pas être autre chose que moi-même, mon amour...

On dit que les oiseaux se cachent pour mourir.
Laisse-moi donc leur montrer mon dernier sourire...

Retiendront-ils de moi la lumière ou l'obscurité ?
Qu'importe que mon souvenir soit effacé.
Tant que mes mots ont pu soigner...
Je m'y attelle, je ne suis qu'un cœur blessé...

Mon coeur, ce derviche

Vagabond que tu es !
Nul ne t'estime sous tes guenilles.
Que cherches-tu comme cela ?

Pauvre fou que tu es !
Tu me fais écrire sans rimes, tant ta braise est pure folie.

Insouciant que tu es !
Ne vois-tu pas que tu es l'ennemi juré des haineux ?

Hérétique que tu es !
Tu places ton amour en Dieu,
Me fais écrire noir, gris, bleu et revenir sans cesse à Lui.

Pauvre naïf que tu es !
Ils te rient tous au nez à leur parler d'amour et de paix.
Les cœurs ne sont plus ce qu'ils étaient...

Que dis-tu petit derviche ?
C'est pour cela que tu voyages entre spirituel et méditation ?
Pour cela que tu te laisses emporter
Là où rayonne une lueur d'humanité et de foi ?

Mais de quoi vis-tu petit derviche ?
La vie ne t'attendra pas !
Quoi ? Tu vis d'amour ?

Je ne prierai pas sur toi lorsque tu seras de cendres,
Car je t'aurai prévenu : les âmes sont corrompues !
Ne m'envoûte plus avec la berceuse de tes battements !

Soit ! Je te laisse parler pour la dernière fois,
En espérant que tu comprennes
Que ce monde est vil et ingrat !

« J'aime Dieu... ici, sur terre ou sous terre.
Mon amour pour Lui est éternel et je le parsème sur terre
Pour le trouver fertile une fois sous terre... »

Mon cœur, ce derviche...

« Y a quelqu'un qui m'a dit »

J'aurai beau te dire que tu me manques, à vrai dire ça ne changera rien.

Il va sans dire que vivre sans toi m'est intolérable pour tout te dire, insupportable...

Ce ne sont que des dires, car de là où tu es, tu ne peux me voir et m'entendre te dire que je t'en veux d'être absent et qu'on vienne pas *m'dire* : « Il faut du temps pour que ça passe.»

Qu'on se le dise, l'amour meurt le jour où il naît.

Après ces dires, que vous dire ?

« *Ne cherche pas à être le maître du monde, sois plus ambitieux en devenant le maître de TON monde.* »

Pardonnez-moi

« Je suis une personne entière.

Pardonnez -moi, *m'sieur dame*,
J'ai pas réussi à me couper en deux.

Comment *qu'vous* faites vous, hein ?
J'ai beau essayer, c'est que j'y arrive pas, moi !

Quand je pense un truc, je le dis.
Quand j'aime un truc, je le dis.

Quand j'aime pas non plus, je le dis.
Aussi, tiens d'ailleurs,
C'est que vous devez avoir sectionné vos pensées,
Dans votre être vous autres,
ça doit être hyper organisé chez vous,
Pour savoir dire à l'un ce qu'on ne pense pas de lui,
Tandis qu'on dit à l'autre
Ce qu'on ne lui souhaite pas au fond.

J ai bien essayé moi aussi, *m'sieur dame* !
J'ai essayé de porter des masques,

Les costumes des autres et des perruques même !
C'est qu'on étouffe là-dedans !
Comment *qu'vous* faites, vous,
Pour supporter le poids des mots, le poids des faux ?

C'est que c'est lourd *c'te* crasse !

« Souris et dis oui,
Si tu veux pas *t'faire* d'ennemis », qui me disait l'autre !

Mais sourire je veux bien moi,
Mais mentir, j'y arrive pas *m'sieur dame...*

Ils m'appellent l'idiot du village, le fou du roi !
Même qu'ils disent que je le fais exprès d'être honnête !
C'est ça qu'ils disent oui !

Je crois bien que l'honnêteté, l'humanité,
Appelez ça comme vous voulez,
N'empêche que je crois bien que l'homme
L'a mise en hypothèque !

Je devrai *p'tête* la louer ma sincérité,
ça me fera quelques écus
Pour faire de ma Marie une de ces damoiselles de la cour.

Mais je l'aime bien moi, ma *p'tite* dame dans ses chiffons,
J'aime bien son odeur farineuse de blé
Et ses tâches de rousseur
Qui rougissent encore plus au feu de bois
Qu'elle nous allume lorsque le soir s'invite !

Je la voudrai pas autrement,
Que bien grasse et dodue ma Marie !
C'est que de ces tenues cintrées par leur corsage,
Je voudrai pas qu'elle s'étouffe ma bonne dame !

Puis même qu'elle dit qu'elle m'aime comme ça,
Et que je dois faire fi des autres,
Que c'est eux qui sont pas normaux, qu'elle crie la Marie !

Je crois qu'elle dit ça pour que je sois pas triste,
Mais je m'en vais l'écouter ma bonne dame,
Parce que j'ai essayé de me couper en deux que je vous dis !
Mais je sais pas être autre chose qu'entier. »

Warrior

Nuit blanche, Cernes noires,
Tristesse franche et désespoir,
C'est ainsi que vous l'imaginiez ?
Détruite à vie et irraisonnée ?

Vous l'avez encore sous estimée,
Chacune de ses chutes l'ont élevée,
Au-delà des mots et des monts,
La voici parée vers de nouveaux horizons.

Le sourire comme sabre offusquant le mal,
Vous n'avez pas le quart de sa force morale.

Elle n'a pas besoin de renaître de ses cendres,
Plus rien ne se consume dans ses méandres.

Elle illumine ses abysses
Grâce à l'espoir qui s'immisce.
Elle est à plaindre dites-vous ?
Cessez de geindre voulez-vous !

Nulle pitié pour les battants,
Le front n'a plus rien d'intimidant.

Ce sont des héros, des conquérants.
Regardez-la au soleil levant,
Ses yeux brillent, animés par l'amour.

Riez, pauvres fous, demain vous pleurerez pour toujours
De ne pas avoir voulu croire en cette femme,
Qui au-delà des drames, demeure une grande d'âme...»

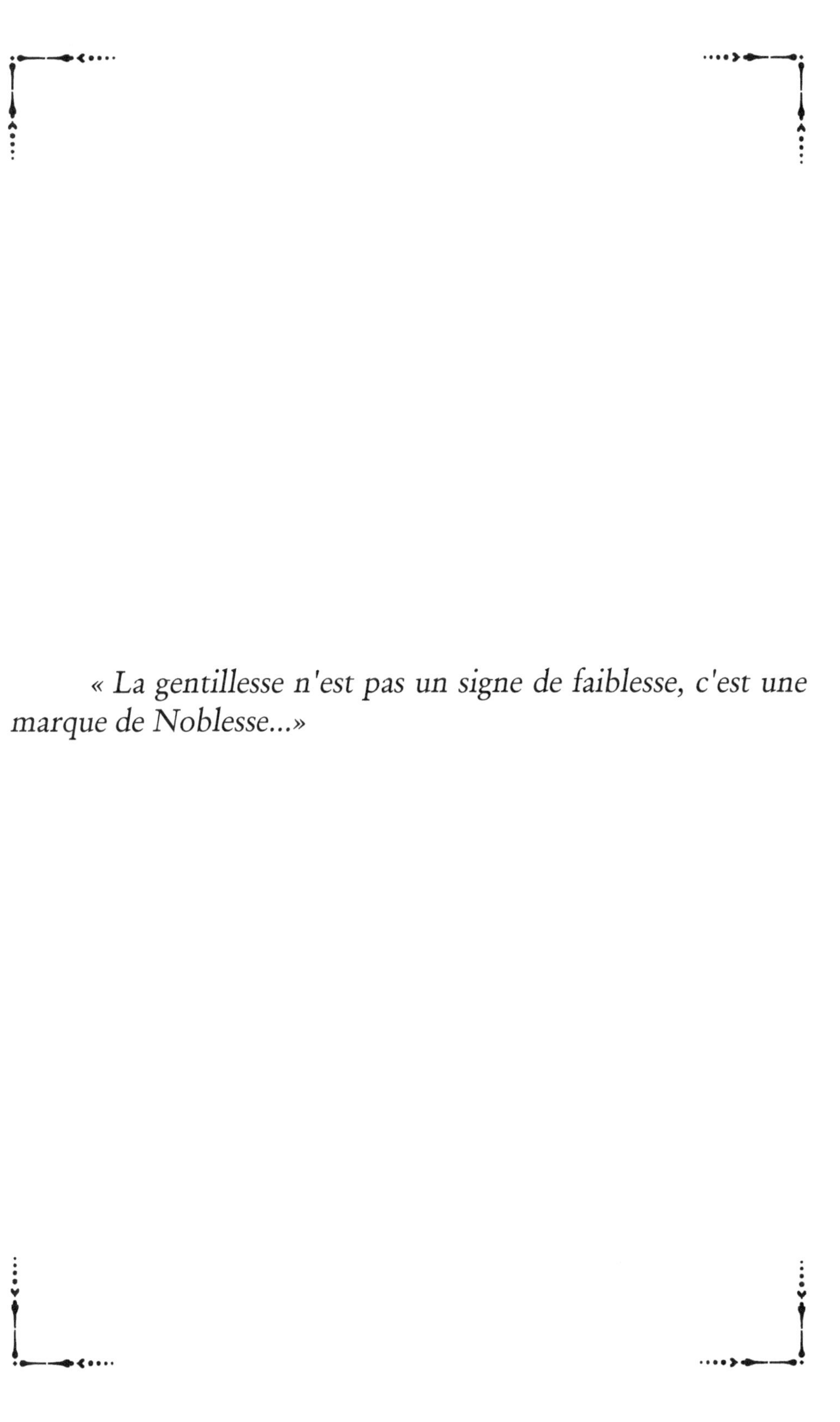

« *La gentillesse n'est pas un signe de faiblesse, c'est une marque de Noblesse...* »

Inception-Déception

Tout commence bien,
Car tu ne vois pas le mal.
Tout s'élance en vain,
Au risque d'une chute fatale.

C'est au commencement que tout s'est arrêté,
Au commencement que tout a commencé.
Comment c'est quand tout est comme ses rêves ?
Une réalité ?

Passer d'inception à déception,
C'est à la fin que tout a commencé.

Le goût amer d'avoir été sincère,
L'envie sévère de ne plus se laisser faire.

Marqué au fer le désir de tout taire.
Ignorance, absence, patience, silence.
Qu'importe car d'inception nous voici à la déception.

Peut-être qu'en fermant les yeux encore une fois... peut-être...

Toi & Moi

Comme tu m'as connue , tu m'as laissée.
Comme tu m'as laissée, tu me retrouveras.

Je suis loin d'être parfaite, je suis même bancale parfois.
Mais je suis moi. Tout simplement moi.

Avec mes faiblesses et mes espoirs,
Avec mes ambitions et mes désillusions,
Avec mes convictions et mes valeurs,
Avec mes failles et mes erreurs.

Parfois j'y crois et d'autres pas.
J'écoute mon cœur qui me dit « Pourquoi pas ? »,
Puis je lui en veux de m'avoir emmenée là.
Mais c'est comme ça, je ne sais pas être autre chose que moi.

On dit souvent qu'on est fidèle à soi.
J'aimerai bien voir ce que ça fait d'être infidèle à soi-même.

Je ne sais pas dire ce que je ne sais pas,
Ce que je ne pense pas,
Ce que je ne ressens pas.
Oui, vraiment, Non.

Je ne sais pas être autre chose que moi,
Une boule d'émotion, un carré de raison,
Un triangle de réflexion.

Bref, je ne suis qu'un théorème qui a pris la poussière,
Et *t'façon* ma vie est une géométrie.
Je change, j'évolue, je surprends et je déçois,
Je patiente, je m'impatiente,
Je pense aux autres et je pense qu'à moi.

Je ne suis pas lisse, je suis écorchée aussi.
Finalement on est pareil toi et moi :
Vivants, tout simplement.

Un point sait tout

Parfois je pense à toi,

Souvent même.

Et puis, depuis toi,

J'aime les points,

Même s'ils imposent une fin.

Avant,

Je les parsemais

Dans le ciel que j'étoilais.

Maintenant,

Je les disperse ici et là,

Et à la renverse.

C'est pas pareil

Tu vois.

Parfois je pense à toi,

Non,

Très souvent je crois.

Enfin voilà.

Un point c'est tout.

Car

Un point sait tout.

Ascenseur *et-maux-si-hauts-n'elle*

D'en haut la vue est sans pareil.
On ne manque pas d'air à dire et vivre son émotion.
D'en bas, la vue est sans merveille.
On manque d'air à ne rien dire, survivre son émotion.

On monte aussi vite qu'on redescend,
Et c'est à couper le souffle dans les nuages,
Comme sur cette page.
Attention à vous et tant que faire se peut,
Evitez les ascenseurs émotionnels.

Plus long, plus éreintant,
Et pourtant tellement plus imposant,
PRENEZ LE TEMPS.
Marche après marche on s'élève,
Et chaque pas endurant
Est une empreinte qui signe votre victoire.

Une fois là-haut, on ne peut oublier ce périple
Pour enfin apprécier à sa juste VALEUR
toute la beauté d'une émotion éclatante.
« On a mis trop de temps à monter,
Viens on reste encore un peu ici... on est tellement mieux... »

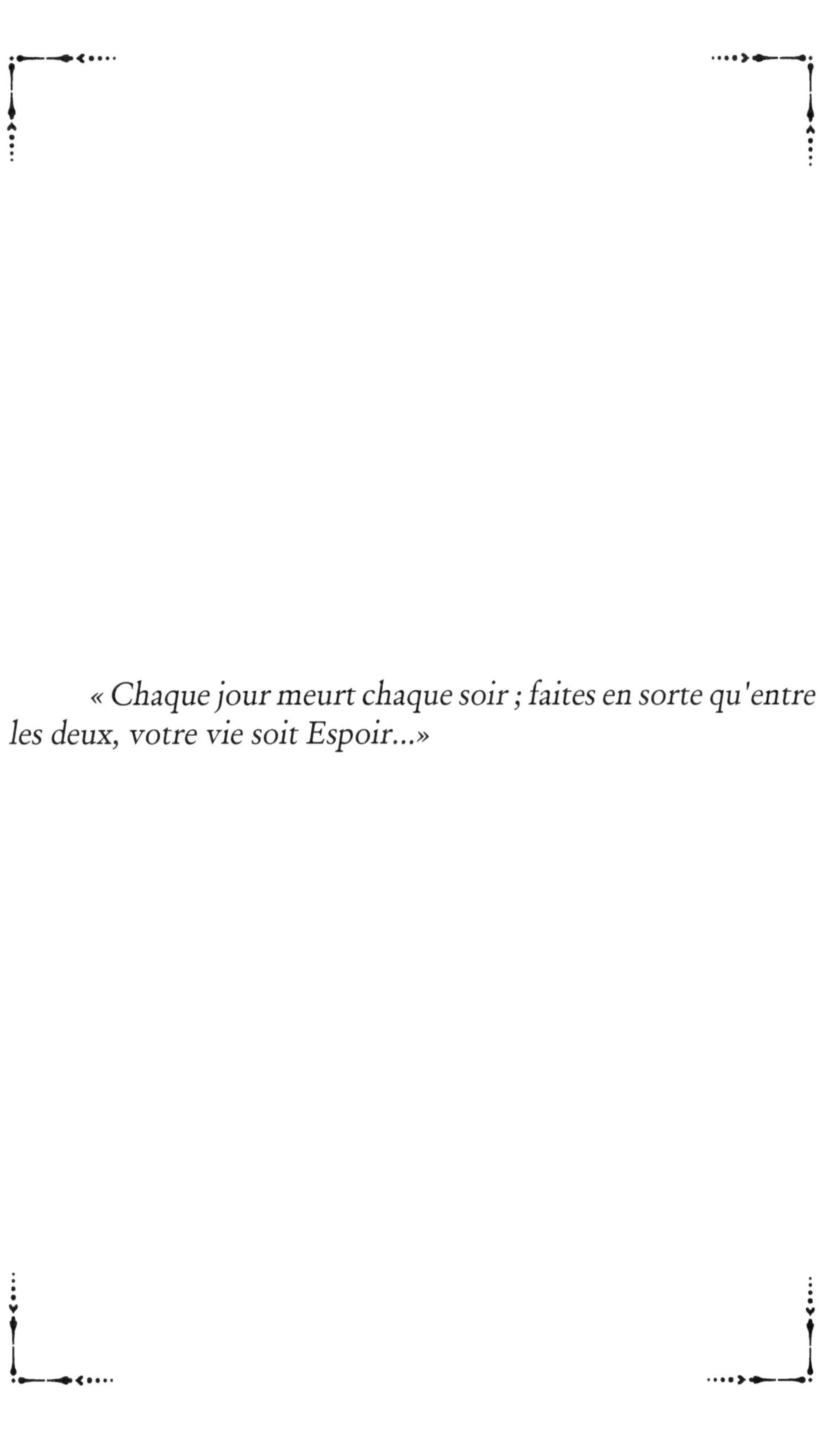

« *Chaque jour meurt chaque soir ; faites en sorte qu'entre les deux, votre vie soit Espoir...* »

Mère au point

Réveil, vertiges,
Un corps en vestiges.
Réveil matinal,
Somme toute banal.
Santé ou moral,
Quand les deux se font la malle.

Pas d'éveil, ni de prestige,
Juste une douleur qui se fige,
Comme ce froid glacial
Qui réchauffe un mal,
Comme une odeur de santal
Qui nous rend animal.

L'instinct maternel se précise,
L'amour, objet de convoitise,
Soulève une force spéciale,
Jalousée par des vandales.
Être mère c'est un point final
Qui balaye douleurs et rimes en « al ».

Le Véritable

J'ai longtemps cru en l'amour véritable,
À petits pas, très vite essoufflée,
J'avançais puis m'embryonnais.
J'ai rapidement vu le cimetière des sourires affables,
À grand pas, lentement asphyxiée,
Je reculais, puis m'avortais.

Les étoiles, sur terre, j'ai trouvé.
Elles exorcisaient le feu qui les animaient.
Je les croyais lumineuses comme dans les fables,
Mystiques à en être imperméables.

L'océan dans le ciel m'a fait chavirer.
Ses vagues nuageuses me berçaient,
Puis m'affalaient sur le sable,
Malgré tout cela, j'ai cru en l'incroyable.

Un arbre en moi s'est enraciné.
Pourtant sans bois, il fleurit en mai.
Ses fruits sont tantôt sucrés, tantôt désagréables,
Amers en bouche, des mots ravalés impitoyables.
J'ai longtemps cru en l'amour véritable.

Cherchant en l'humain l'insaisissable,
Le cœur pur en chemin, en retour souillé,
J'ai compris qu'en mon sein, l'amour demeurait.

J'y ai trouvé une promesse cristalline et sans séquelles,
Celle d'une âme qui ne vivait que pour le retour de son Éternel.

J'ai mis des années à chercher en l'humain
Ce qui n'existe qu'auprès du Maître du Début et de la Fin.

Là, devant moi, en moi, pour moi, IL a toujours été là...
Chaque battement de mon cœur est une preuve d'amour...

Mon Dieu ! L'Homme est ingrat... Que suis-je sans Toi ?

Je T'aime et bien plus encore, pardonne-moi...

En manque : la présence de l'absent

Il me manque une dent,
Il me manque du temps.

Tu me manques tellement,
Je manque à mes manquements.

Je m'en manque de tout.
Je suis en moque de vous.

Pas en manque *d'inspi*,
Même si
Tu manques à ma vie.

Il *manqu une* lettre.
À mon cœur analphabète.

Bref, je suis en manque.

Nuitée...

« J'en sais rien moi ! La nuit c'est comme ça !
La mélodie du calme, les ombres s'illuminent et puis là,
Il se passe un truc en moi.
Appelle ça *l'inspi* ou ce que tu veux, mais tu vois la nuit.

Eh bien la nuit est ma plus belle ennemie.
Chaque réveil me rappelle qu'elle a su m'ensorceler
Avec son ciel et alors la lune !

Je te parle même pas de la lune tu sais !
Elle, si elle pouvait parler...
Elle raconterait nos vies en prose,
En attendant que la Terre explose...

J'irai bien dormir là, tu vois,
Mais la nuit je t'ai dit,
Il se passe ce je ne sais quoi qui éveille ma foi,
Alors là, tu vois, à ce moment-là très précisément,
Je Lui parle et la nuit est mon témoin...»

Leçon de conjugaison

J'ai fait un rêve, puis j'ai pleuré,
Puis j'ai prié,
Et encore pleuré.

Puis j'ai réalisé
Qu'on ne conjuguait pas assez
Certains verbes oubliés.
J'ai réalisé
Qu'on ne savait plus les utiliser.

Alors j'ai pensé,
Enfin... Je me permets,
Que ça pourrait nous aider
De s'en rappeler,
De les conjuguer,
De se faire pardonner,
Et pardonner,
Au présent, à l'imparfait.
Vivez
Le cœur libéré.
Et espérez,
Ne jamais se priver,
D'espérer...

Marche ou rêve

Aucune rencontre n'est fortuite,
Aucune perte n'est une fuite,
Juste un partage d'émotions
Qui lie, unit et fleurit l'horizon.

Je vis ma propre survie en trêve,
Que la haine et la guerre en crèvent !
Je suis l'icône de mes lendemains,
Rien ne m'étonne, rien, je ne crains.

J'avance d'un pas en marche arrière.
Pas grave ! Ma route est à l'envers.
Du coup, je reste sur place,
Ici, au présent, rien ne s'efface.

Je regarde d'un œil au beurre noir
Les cernes en deuil en désespoir,
Des nantis qui espèrent la révolution
A l'aide des vies délétères sans opinion.

Une matrice sommeille dans nos esprits.
Elle s'immisce et contrôlerait nos vies,
Naïveté humaine légèrement vicieuse,
Chacun vit sa peine d'une foi visqueuse.
Le monde nous porte, sa terre nous enterre.
En nous cette force faillible de travers
Nous laisse croire qu'un bonheur coûte cher,
Nous laisse croire qu'on éternise cette vie éphémère.

L'intelligence est en dépression,
Car l'homme épouse ses passions.
L'amour est une dérision
Depuis que l'homme s'aime sans façon.
La vie est en auto-destruction,
Car on crie tous sans émettre de son.

Ce qui est beau et fou chez l'Homme,
C'est que malgré tout, certains pardonnent.
Ces êtres profonds scintillent sur terre.
Ils sont ce *pour-cent* qui espère.

Et on avance grâce à eux,
Messagers de l'amour de Dieu,
Ils transmettent l'espoir
Sans même le savoir.

La vérité, en toi sommeille.
C'est juste endormi... en veille.
Prie, parle, souris fais ce que tu veux !
Mais par pitié ! Rends ton monde heureux !

« *Sois un être polychrome dont chaque mot colorera l'âme que tu croiseras.* »

Regarde

J'aurai aimé vous laisser tellement de souvenirs derrière moi, tellement de conseils, tellement de sagesses. Puis j'ai regardé autour de moi et j'ai vu le Monde. Et j'ai vu la Terre à travers ce qu'elle porte et à travers qui elle porte. Et j'ai compris que le plus bel héritage à vous offrir était là, devant moi, alors je vous ai dit de regarder.

Ne jamais cesser de regarder avec l'œil droit de la tolérance et l'œil gauche de la bienveillance. Ainsi, enfin vous pourrez RÉELLEMENT découvrir qu'une mère n'est que la brise du matin, une fleur de mai, une pluie printanière, un flocon de neige...

Une maman c'est partout autour de toi, à chaque fois que tu admires le Monde, car tes yeux sont ce regard que j'aurai tenté d'éduquer sur le chemin de ta vie, le chemin du monde, le chemin de la Paix... alors Regarde...

Baiser mortel d'un coucher de soleil

Effluves de couleurs,
Lumières parfumées,
Chaque soir le soleil se meurt
Au creux des vagues et agonise en beauté.

L'immortelle

La beauté de la mort réside sûrement
Dans la beauté de la vie.
J'imagine que chaque étoile est un humain
Et qu'à chaque étoile filante, c'est un homme qui s'éteint.

J'imagine le dernier souffle,
Comme cette poussière étincelante,
Brillante, lumineuse,
Elle donne son nectar avant l'obscurité totale...
Je m'imagine l'âme ainsi.
Je rêve qu'on puisse quitter ce monde
En ayant donné l'essence de notre être juste avant.

Je m'imagine loin du tumulte surfacique
Que le monde veut nous montrer.

Je m'imagine plus loin, en profondeur,
Là où sommeille en chacun d'entre nous
Cette incandescente lumière.

Et puis quand je cesse d'imaginer, je réalise,
Je réalise qu'au fond,
Le ciel n'est que le parfait reflet des hommes,

Parfois orageux, parfois très lumineux,
Parfois brumeux, parfois écarlate.

Mais au fond qu'importe,
Car passés les nuages, les étoiles demeurent...
Oui... la lumière demeure... avant la dernière Heure...

Atlanterhavsveien

Parfois ma vie me fait penser à la « Route de l'Atlantique », en Norvège, dangereuse, périlleuse, tout sauf linéaire.

Elle donne le vertige, mais elle a surtout, comme cette route, une des plus belles vues au monde.

Oui voilà, ma vie c'est « Atlanterhavsveien », un nom bien compliqué pour une traversée époustouflante et riche d'apprentissage.

Saches que pour tout le monde il y a l'une des plus belles vues au monde dans chacune de nos vies. Prends juste le temps de t'arrêter par moment pour apprécier le paysage de TA vie.

Horizon

J'étais venue converser avec les vagues
Lorsque j'ai vu que le ciel m'attendait...
Il a essuyé mes larmes,
Et de son manteau,
M'a offert l'horizon de mes pensées...

De nuage en nuage,
Je l'ai vu parsemer mon doux ravage en rivage...

Le vent chante à qui veut l'entendre
Que mon coeur est en voyage,
Une éclaircie me dit :
« Emporte un peu d'amour sur terre,
l'Homme en a grand besoin. »

Alors me voici de mes mots,
Messagère d'un possible lendemain.
Je voulais écouter la mer, mais le ciel s'est mis à gronder,

Puis de sa douce mélopée,
M'a délicatement enveloppée.
J'étais venue m'éloigner de tout,
Je me suis rapprochée du Tout...

La vie est un *conte de Fake*

Il était sans foi... un monde...

Il paraît que nous sommes une arnaque.
J'aime l'idée d'être ma propre contrefaçon,
Je n'y vois là aucune attaque,
Chacun s'est brodé sa perception.

C'est marrant d'être écouté au black,
De dealer des mots en imitation.
On ne peut pas faire plus fausse fourrure
Que de caresser dans le sens du poil
Avec des airs de grosses pointures,
Alors que les mots nous chaussent mal.

Connaître le marché au noir
Pour maquiller ses phrases de fards.
Ici tout le monde vend son âme.
Le chèque en bois est le sésame
Pour s'accréditer en crédit discrédité.

Alors le fake est en inflation,
Dans une *sur-société* en *ex-pension*.
Plus on court après la liberté,

Plus on arrive à s'enfermer.
Le paraître, tombé du camion,
Est plus cher que le *parÊtre* au fond.

Tout se monnaye, l'amour est K.O.
Et tout se paie en faux billets.
On se déchire en *p'tits* morceaux,
Puis on piétine sur place sans regrets.

Le monde s'est noyé en surface,
Alors on attend en apnée,
Sans chercher à lever la face,
On s'époumone sans respirer.

La vie est un *conte de Fake* l'ami,
Une émission de télé, pas de réalité,
Que des seconds rôles dans nos vies,
Pour certains en HD ou en crypté.

On a oublié qu'en nous, un coeur bat.
Il lutte au milieu de nos artifices,
Et nous rappelle avant que sonne le glas,
Que la vie est un conte au décompte de nos supplices...

« Dans mon carnet des rêves, je m'autorise à croire que tout est possible.

Nul besoin de sevrer notre espoir, l'écho de nos peines y est inaudible. »

Tour du monde

France se lève en ayant perdu de sa sève.
Syrie espère un lendemain sans guerre...
Birmanie tue mais la foi ne sera jamais déchue...
Brésil suffoque et ses poumons sont sous le choc.

Palestine meurt et attend son heure...
Alaska fond et la Terre subit une ablation...
Sahara résiste telle la Légende de l'Alchimiste...

Qu'importe le lieu,
L'Homme avance, pense,
Panse et lance des espoirs, désespoirs.

Il rêve,
Crève,
Il enterre,
Déterre.

Il a vu,
Lu,
Il est adorateur,
Blasphémateur.

Il est ses passions,
Plein de raison.
Déraison,
Il est optimiste,
Pessimiste.

Q'importe oui !
L'homme en somme n'est pas un surhomme,
Depuis qu'on dit qu'il a goûté la pomme...

Ma dernière nuit avec vous

Se séparer de sa chair, se séparer d'être cher.
Se séparer de ses paires car séparés de leur père.
C'est à son tour et le compte à rebours
Se veut sourd pour mon coeur lourd...

Le temps lancinant me rappelle ce qui m'attend :
De longues journées et nuits vidées de votre souffle...

Impossible de fermer l'œil, ce n'est pas une nuit en prières,
Mais une nuit de contemplation qui boursoufle mes yeux...

Je vous regarde. Je vous écoute. Je vous respire...
Je vous pleure...
Je vous murmure en plein sommeil tout mon amour,
Avant que le soleil ne vienne vous capturer
Pour de longs jours loin de moi...

C'est aussi ça l'envers du décor :
Savoir se séparer de son or pour un temps
Et autant on emporte le vent,
J'emporte une brise froide : soupir de votre absence...

Tristesse illégitime car la sagesse ultime
Attend de moi de me réjouir pour votre papa...

Mon petit coeur de mère se perd
Dans le chaos de votre absence,
Je panse la lance de votre silence
Par la Présence de Son Omniscience.

Apaisée en vous imaginant heureux,
Joyeux là-bas, je ne peux m'empêcher
De pleurer cette dernière nuit à vos côtés auprès de moi...

Votre respiration me berce,
Je me laisse sans cesse aller au rythme de vos rêves...

Suspendu, ce moment nous appartient...
Je contiens mes larmes,
Mais la douleur de mon âme
Eveille l'anagramme de mon drame.
J'ai peur d'être oubliée.

Se peut-il qu'une mère disparaisse dans le coeur de son enfant ?
Bien sûr que non !
Mais ici d'où je suis ce soir,
Mes espoirs se désintègrent
Et maigre sera mon nectar sans vous voir.
Cauchemar,
Sombre nuit.

Seul le coeur d'un parent quittant ses enfants
Connaît la saveur âcre d'un simulacre de bonheur
Sans l'essence de son coeur : un enfant.

Ma liberté conditionnelle me brûle les ailes.
Je vis une vie sans mes vies l'espace de quelques semaines.
Je mène et sème l'amour en vous,
Car vous aimez comme je vous aime,
Ne suffira pas à vous dire combien je vous aime...

Je vous écris, je vous respire encore et encore
Et ce soir, juste ce soir,
Je pleure dans le noir et le silence,
Afin que demain mes mains
Essuient vos joues le temps d'un au revoir...

Maman pleure en silence,
Car pendant votre absence,
Je m'effondre de votre accoutumance.

Je pleure ce soir car je ne suis qu'une mère.
Demain je vous offrirai mon plus beau sourire,

Car demain est un jour en plus
Qui me rapprochera de votre retour mes amours...

À dans un mois...
En attendant, je savoure ma dernière nuit avec vous...

À toi cher parent, qui (re)connaît mot après mot la symphonie de ce moment. Nos enfants s'envolent dans les bras de l'autre parent, ils emportent un peu de nous où qu'ils aillent : nous serons auprès d'eux, car en eux...

Si l'amour était une Histoire...

Si l'amour pouvait être une étoile,
J'aurai voulu être ton ciel.

Si l'amour pouvait être un mot,
J'aurai voulu qu'il sorte de tes lèvres.

Si l'amour pouvait être une folie,
J''aurai voulu être enfermée à vie.

Si l'amour pouvait être l'amour,
Alors j'aurai voulu être ton amour...

Mais l'amour a ses histoires.
Elles s'écrivent tard le soir,
À l'abri des cœurs en paix
Qui n'entendent plus les vérités.
N'est aimé que celui qui sait s'aimer...

Alors aime-toi mon amour,
Qu'enfin je puisse t'aimer à mon tour...

Expression libre

Garçon manqué,
Fille réussie,
Enfant gâté,
Adulte appauvri.

Remettre le couvert
Sans une bouchée de pain.

Mort de rire,
Rire sans vie,
Mal de mer,
Pire sur terre.

Nuit blanche,
Journée noire,
Étoile filante,
Le ciel se défile.

Mariage arrangé,
Divorce dérangeant.

Trop bon, trop con,
Pas assez dans le fond.

Décrocher un numéro
Et Raccrocher au nez,

Raison apparente,
Passion dissimulée,

Danger public,
Innocence privée,
Gagner la confiance,
Perdre une confidence,

Qu'à cela ne tienne,
Qu'à ceci ne « lâche »,

Machine de guerre,
Humain de Paix,
Magie noire,
Réalité sombre,

Pour l'avocat du diable,
Sans ange gardien,
Mal du siècle,
Bien-être à la seconde,

Facilité de paiement,
Difficulté de remboursement,
A point nommé,
Virgule surnommée.

Passer l'éponge,
Sans se laver les mains,
C'est du propre,
Sans poussière,
Sauvons les meubles,
Aux quatre coins du monde.

Mise en quarantaine,
Sans savoir compter.

En faire à sa guise,
Où chacun se déguise.

En mettre plein la vue,
Et ne plus voir son être...

Si tout est une question d'expression,
Alors laissez-moi m'exprimer...

Nuit blanche

On m'a appris à compter les moutons,
Pas à compter les nuits blanches...

Sommeil à temps partiel *j'gagne* pas un rond.
Il paraît que j'aurai ma revanche
Lors du sommeil éternel.
Je pourrai dormir XXL.

Les cernes irriguées d'épuisement,
Je noie mes rêves à défaut d'être dedans.

Lueur d'espoir ! Ah non ! Lueur du jour...
Il va falloir pourtant dormir un jour.

Un jour, oui...
À défaut d'une nuit.

Hommage à Sanaa

Sanaa a 19 ans, elle est rayonnante, solaire, lumineuse et aucun mot ne peut suffire à vous décrire cette douceur que j'ai eu l'honneur de rencontrer... Elle m'a fait oublier sa maladie... Pourtant, cette maladie est présente chaque jour, à chaque heure, elle se manifeste violemment sur Sanaa voulant l'emporter dans les affres de la douleur voire pire... et au-delà de cela, cette jeune fille est débordante de vie. Oui, lorsqu'on voit Sanaa, c'est la vie et la puissance de la vie qui vous interpellent. Poète à ces heures gagnées, Sanaa nous livre quelques uns de ses écrits ci-dessous et c'est bien la plus belle page de tout ce recueil pour moi...

« Mais si un jour vous êtes perdus, n'hésitez pas à vous retourner vers moi, je vous trouverai le chemin. »

« Parfois, ce ne sont pas les gens qui changent, ce sont les masques qui tombent.
Avec mon téléphone, le monde est grand,
Avec le temps, le monde est petit,
L'Inde est un continent africain,
L'Afrique est un continent indien.
Les femmes portent des saris,
Les hommes, des tenues traditionnelles,
Les frontières sont effacées... »

Mes à Dieu à l'écriture

J'ai décidé d'arrêter d'écrire.

Ça fait des années que je fais ça : écrire.
J'en peux plus.
Je ne veux plus.

De toute façon, j'écris pour tout et pour rien, pour vous ou moins, pour qui ou pourquoi, pourri parfois, pourtant sans pourparlers ni pourliche.

Non vraiment stop.
J'en ai marre, c'est trop tard, n'insistez pas, ma décision est prise : j'arrête d'écrire.
Je ne sais plus lire aussi.
Alors je vais arrêter de le faire sur le champ.

D'ailleurs n'imaginez pas une seule seconde que ce texte sera long. Il sera sans corps ni squelette, un centaure sans tête, des lignes invertébrées, des phrases évidées...

Marre de déshydrater mes lettres, marre de m'échiner à écrire, marre d'épuiser mes virgules, marre oui. Marre de m'époumoner à crier mes mots qui demeurent sans voix ou sans voie.

Je veux ces dernières lignes aussi violentes que les premières. Rendre la folie à Maupassant et cesser de ramasser les mots passants sur mon chemin. Je dépose ma plume comme on dépose les armes, je laisse tomber l'encre lorsque d'autres lèveront l'ancre. Je quitte l'écriture d'une grosse rature.

Il va sans dire que vous vous demanderez pourquoi ? Pour tout vous dire vous demanderez-vous pour qui ?

Je ne peux plus écrire, car j'ai décidé de m'écrire. Je ne veux plus lire, car j'ai décidé de vous lire.

J'ai compté à vol d'oiseau la distance entre moi et mes mots. Et lorsque vos yeux s'ouvrent, enfin on me découvre. Apprendre à s'écrire, c'est savoir offrir, s'offrir...

J'ai compté à l'envers le revers de vos mots. Et lorsque j'ouvre les yeux, enfin je vous découvre.

Apprendre à vous lire c'est savoir recevoir, vous recevoir...

Alors laissez-moi m'offrir, m'écrire et vous dire que si mes mots brillent dans votre coeur, c'est sûrement parce qu'ils viennent de l'ombre du mien. Oui, laissez-moi vous lire, vous recevoir en mon for intérieur et vous dire que si vos mots parfument mon coeur, c'est sûrement parce que je les ai cueilli avec respect.

Apprenons à être pour enfin être...

J'ai décidé d'apprendre à m'écrire afin de respecter chaque l-être...

Enfin là, je vais pouvoir commencer à écrire...

« Pour moi, être humaniste c'est aimer Dieu à travers l'Homme. Je ne cesserai jamais d'aimer l'humain car il est un fruit Divin. »

{ Extrait de la conférence « Femme : aime-toi » }

Bonne nuit Layla

On m'a beaucoup parlé de toi, Layla…
Lorsque le jour dévoile sa dernière danse,
Tu arrives et nous enivres au son de ta voix,
Tu apaises et effraies d'une même sentence.

Layla ! Layla a emprisonné la lune !
Les étoiles crient, brillent de dunes en dunes,
Et nous sommes soumis à ton obscurité.
Certains s'endorment et d'autres iront se rebeller.

Layla ! Layla ! Sais-tu qu'en vérité
Tu n'es Maîtresse de rien qu'IL n'ait décrété ?

Layla ! Layla ! Sais-tu qu'en vérité
Tu n'existerais pas sans être jumelée
À la lumière d'une journée ?

Alors laisse-moi à mon tour, avant le jour,
Te souhaiter avec amour : « Bonne Nuit Layla… »

En paix

C'est lorsque les êtres chers disparaissent
Qu'ils ne sont plus de chair, qu'en nous cesse
L'écriture de nos pairs, le début d'une détresse...

Il s'envole, le dernier souffle, en délicatesse.
Le corps au sol repose et nous confesse
Que la parole impie est une prose, fausse prophétesse.

La mort ne meurt jamais... jamais elle ne cesse...
Nos morts que je pleure en juin, empreinte de tristesse
Ne sont qu'un rappel pour acter enfin nos promesses,
Envers L'Unique...

Que nos morts reposent en paix...

Rencontre du 1er type

Certaines rencontres m'effleurent,
Lorsque d'autres me font peur.

Certaines rencontres m'enivrent,
Lorsque d'autres me font revivre.

Celle qui m'a le plus marquée et qui m'apprend encore,
Aujourd'hui c'est bien la rencontre avec moi-même...
Celle-là même, qui m'aide à préparer
Ma rencontre avec Celui que j'aime : Dieu...

Dites-leur

Dites à ceux qui m'entourent
Que j'ai besoin de leur amour.

Dites-leur que mes déraisons
M'ont mené à leurs déceptions.

Dites à ceux qui me connaissent
Que j'ai honte d'être celle qui blesse.

Dites-leur que mes passions
M'ont mené à leurs désillusions.

Dites surtout à ceux que j'aime
Que j'ai honte de ce que je sème.

Dites-leur que sans eux je me perds,
Que sans Dieu je ne sais plus faire...

Ne leur dites pas pardon,
Je l'ai déjà trop dit...

Le temps de l'action
Est-il encore en vie ?

J'écris car ma voix et mes yeux fuient
Une réalité que seul celui qui m'aime vit…

Tout n'est qu'une question de titre, Votre Honneur

J'aimerai écrire avec Le Rouge et le Noir, à la Gloire de mon Père, du Château de ma Mère.

J'y cueillerai les Fleurs du mal dans le Jardin des Secrets, j'y planterai sans peine mes Confessions.

Le Monde s'effondre pour l'Avare qui se cache derrière ses Divines Comédies, quel Aveuglement...

Je partirai à La Recherche du Temps Perdu, j'y rencontrerai Les Enfants de Minuit qui pleurent Mille et une Nuits...

Je leur dirai que chacun sa vision, Les Croisades vus par les Arabes ou Les Juifs au temps des Croisades, c'est un peu comme Se croiser sans se voir...

Un peu Candide, je les consolerai comme ce Bel-Ami qui se sent Étranger dans le Meilleur des Mondes.

Je leur dirai que l'Alchimiste n'est pas Le Prophète et que le Lait noir a un goût âcre même pour Le Petit Prince.

Je leur dirai que L'homme qui rit a pleuré pour Roméo et Juliette, parce que Ce Que le jour doit à la nuit a endetté les cœurs...

Je leur dirai enfin, lisez mais jamais n'oubliez que la plus belle des lectures est celle de votre vie, alors VIVEZ !

Où ?

Saviez vous que le mot « où » est le seul dans la langue française à avoir un « ù » ?

Le seul mot qui contient un accent grave sur le « u », peut-être parce que c'est grave de ne pas savoir « où » l'on va... Grave de ne pas savoir « d'où » l'on vient...

Mais est-ce si grave que cela ?

Tant que l'on sait qui l'on est à l'instant présent, on peut entièrement se faire confiance, qu'importe l'accent grave concentré sur « l'où » on fut, est et sera...

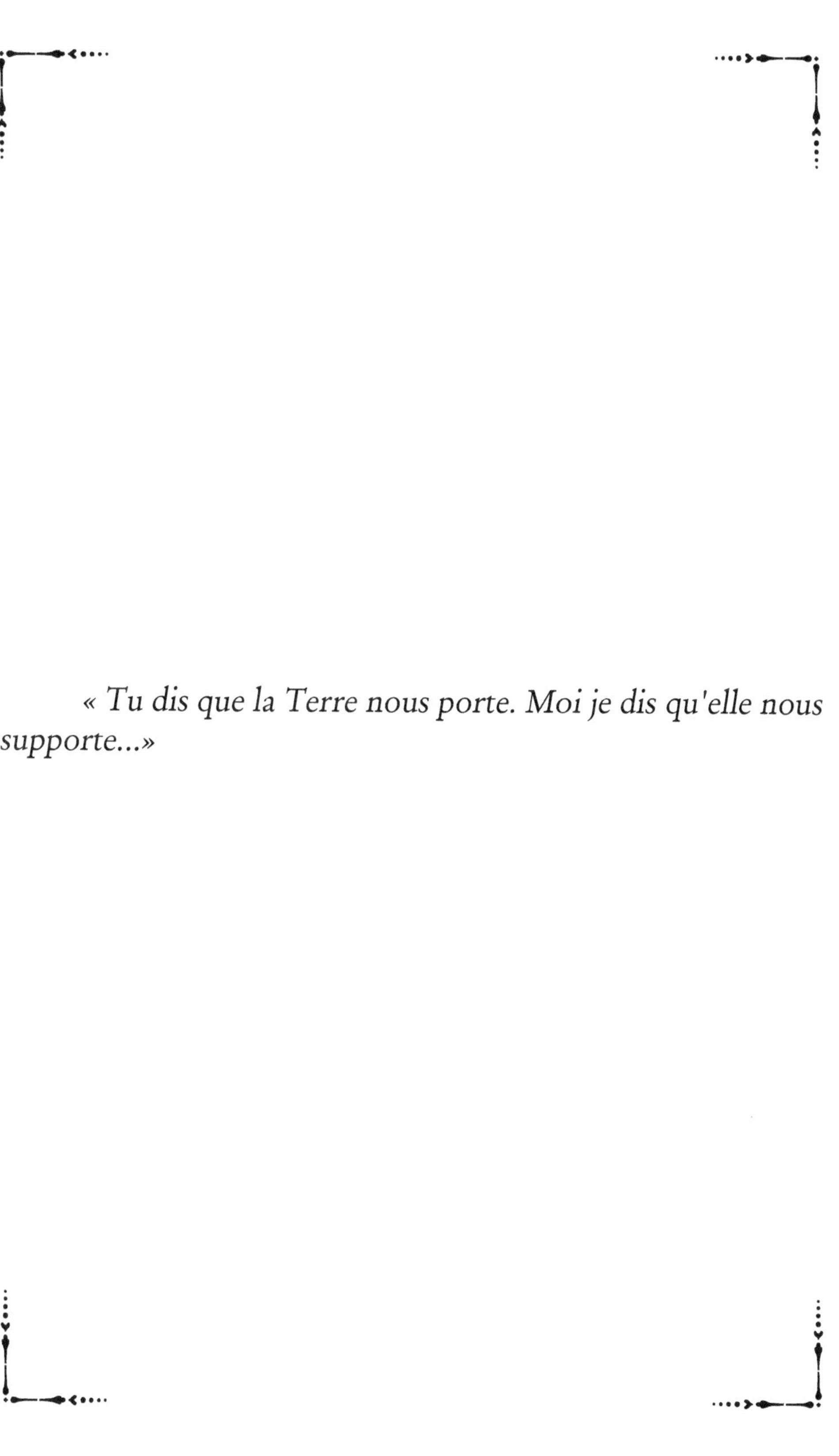

« *Tu dis que la Terre nous porte. Moi je dis qu'elle nous supporte...*»

L'âge d'Or

Parfois je me demande si j'atteindrai la vieillesse. Est-ce que le regard ridé, mes souvenirs prendront vie dans mes yeux empreints de tendresse ?

Parfois je me le demande oui... Est-ce que mes mains fébriles porteront la douceur du nouveau-né, fruit de ma descendance ?

Est-ce que je verrai mes petits enfants courir autour de moi ? Entendre leur cri joyeux sera pour moi le plus beau message de Vie, moi aux portes de la mort.

Prête à être cueillie et fleurir dans un autre monde s'il plaît à Dieu...

Parfois je me demande si j'atteindrai la vieillesse habitée par les regrets et les sagesses en tout genre embrumées par ma mémoire défaillante.

Mes regrets de ne pas avoir été plus proche de Lui à la recherche de la satisfaction humaine aux dépens de ma propre satisfaction voire pis ! Aux dépens de la quête de Son approbation...

Mes sagesses contées aux plus jeunes dont ma vie serait un manuscrit pour eux...

Les regrets et les sagesses de demain je les écris pourtant aujourd'hui...

Parfois je me demande pourquoi je me demande si j'atteindrai la vieillesse, alors que je ne sais même pas si j'atteindrai l'aube...

Et puis je me souviens que j'écris les souvenirs de demain à chaque souffle de vie qui disparaît, alors... Je respire et présente mes adieux à chaque inspiration.

L'école où les colles se décollent

Avant-hier, odeurs de craies, d'amidon sur leurs uniformes sans faux plis et de bois ciré sur leurs tables à encrier. Le cuir de leur besace sifflait et le son de la cloche rivalisait avec celui de leurs cris joyeux d'enfants. La récréation n'était limitée dans l'espace que par leur imagination. Côté filles, côté garçons chacun retrouvait ses pairs. Tous ces souvenirs chantent et dansent dans la mémoire de nos aïeux.

Hier, c'était de nous dont il était question à l'Ecole. Cartables neufs et tenues du parfait petit écolier, l'odeur du goudron et de la peinture fraîche nous accueillaient au milieu de ces salles de classes où le respect allait être en voie de disparition...

A notre époque, nos stylos Bic étaient garants de notre apprentissage. La récréation était le lieu d'échange de billes, de discussions autour de Dorothée et du premier super héros, Superman. Notre enfance aérienne et télévisée a fait de nous des prêts à l'emploi cérébral...

Aujourd'hui, nos enfants cartables à roulettes en main, prennent le même chemin. L'Ecole les accueille avec leurs baskets lumineuses et leurs jupes Hello Kitty. La récréation est

témoin des échanges de jeux DS, de tutos Youtube et de sms...
Le social lui-même se désocialise de réseau en réseau...

Le monde virtuel est tellement proche du réel que le réel lui-même s'est falsifié...

Les enfants n'ont jamais été aussi sûrs de l'importance de leur statut qu'à l'école qui contamine notre sang et le purifie en même temps, qui blesse et traumatise à vie et qui motive et élève un enfant en même temps...

D'aussi loin que mes souvenirs m'appellent, j'entends les générations précédentes s'inquiéter pour nous, nous-mêmes inquiets pour la génération à venir mais en réalité :

Chaque génération connait ses échecs et ses victoires.

Chut !

Je crois que j'ai plus *d'inspi*,
Je crois que mon souffle de vie
S'essouffle et s'éparpille ici.

Je compte à vol d'oiseau
La distance entre moi et mes mots,
Et là les yeux s'ouvrent,
Et le soleil me découvre.

Ce n'était qu'un rêve,
Une trêve... brève où mes lèvres
Murmurent sur vos murs des mots qui ont éclos...

Ta promesse

Le regard au sol, je pense au Très-Haut.
Lorsque la foi s'envole, les larmes caressent mes maux.

Nos failles nous entaillent et écaillent le corail de nos âmes.
Le regard n'ose plus s'élever,
La foi se sclérose et veut s'émotionner.

Je ne jetterai pas de bouteille à la mer,
Mes espoirs y mourront embouteillés...

Et aucune étoile filante ne saura taire
Mes prières vouées à L'Unique Divinité.

Car même si l'espoir meurt, Sa promesse demeure...
Saches que si l'erreur est humaine, le pardon, lui est Divin...
Dès lors, le regard au sol, je Le prie de me laisser Le prier...

Ma Fleur du Mal

Et si Baudelaire avait été là, il m'aurait comprise. Lorsque la cire a étouffé la flamme, lorsque la buée sur les fenêtres s'est imprégnée de nos âmes, lorsque le silence se tait, lorsque la nuit appelle les plumes à se dévoiler, j'écris.

Puisque le jour appelle les plumes à s'envoler sans cri... L'obscurité inspire autant que le néant s'expire... Et la mélodie de l'encre sur le papier dessine des sons que seule l'âme qui ne succombe pas au repos semi-éternel saura apprécier...

Et la symphonie des feuilles qui se laissent caresser par la pointe de ma plume retentit sans fausse note au son de ma respiration méditative...

L'envie d'écrire sans réfléchir, juste laisser la couleur s'exprimer sur la blancheur du papier : c'est une forme de peinture exquise dont jamais je ne me lasse...

Un jour j'aurai *Sans-Temps*

3600 fois elle lui murmure d'un tic tac : « Je suis là ».

3600 fois elle crie d'un bruit ferme avant que ne sonne le glas !

3600 fois elle lui tourne autour d'une justesse
Que nul ne s'octroie.

3600 fois elle l'hypnotise d'une caresse circulaire sans émoi.

Oui...

3600 fois la seconde rappelle à l'heure ce qu'elle ne sait pas,
Le temps sans moi ne compte pas...

La seconde court après l'heure qui défile face à nos journées qui flirtent avec nos nuits ; elles mêmes prêtent à s'incliner face à la dernière Heure...

« Il parait que l'on récolte ce que l'on sème : j'aimerai bien que l'on s'aime et qu'on le récolte...»

Ma légende (im)personnelle

J'ai cherché mes origines dans ton regard mais ce n'est qu'au soir de ta vie que tu t'es confié... Alors je cherche à comprendre au midi de la mienne comment nourrir ma faim de mon passé...

T'en vouloir ? Jamais. Certains secrets ne sont pas faits pour être murmurés... Tandis qu'un matin d'autres vérités furent précieusement révélées...

J'ai cherché ma légende personnelle auprès d'un peuple inconnu. De l'Amazone au Sahara mes yeux n'ont encore rien vu...

J'ai cherché mes origines dans ma mémoire mais tout me renvoie au safran. Fragile, on ne le cueille qu'à l'aube, un peu comme mes mots, l'espace d'un instant...

Alors je m'imagine timidement sur une terre étrangère de mon père... Mais je sais que pour toi l'Atlas est reine, face au Corcovado, pas de prières...

Je m'interdis d'en être fière, me convainc que je rêve, que je m'invente pour oublier, pour respecter ton souhait de faire taire une terre qui t'as reniée...

Finalement, qu'importe nos origines, notre moi se dessine et se décime en soi.

Soit.

Si je viens d'ailleurs, c'est peut-être parce que ma légende personnelle se trouve aussi loin et proche de moi que l'est mon âme. En réalité qu'importe le lieu, car là où j'irais, je mourrai avec moi.

« Ce que le jour doit à la nuit »

Laisse-moi te dire une chose Khadra : c'est faux, le jour ne doit plus rien à la nuit.

Le jour est lumière face aux ténèbres de la nuit.
Le jour est vie face au noir morbide de la nuit.

La nuit n'a plus rien à attendre du jour et dis-lui qu'elle cesse de l'intimider avec ses éclipses !

La nuit sous estime le jour et c'est pourtant parce que le jour existe que la nuit demeure...

Oui, Khadra laisse-moi te dire que l'amour ne doit plus rien à la peine... Que l'espoir ne doit plus rien au passé... Que la destinée ne doit plus rien aux destins perdus.

Dis-leur qu'ils se cherchent ailleurs, qu'au fond de leur peine et que s'ils souhaitent y rester, alors qu'ils n'accusent pas la destinée en l'insurgeant de mensonges sur la place publique !
Tant de signes et tant de craintes... Tant de signes avortés à la porte d'un présent, victimes de leur passé, ils accusent le destin d'assombrir leur futur !

C'est faux Khadra ! Le jour ne lui doit plus rien à la nuit, car il a tout donné de par sa lumière de vie, mais la nuit a préféré s'assombrir encore un peu plus jusqu'à même en éclipser la lune...

Les étoiles de plus en plus lointaines sont une légende à qui voudrait bien l'entendre ; il paraît que la première histoire d'amour fut celle du jour et de la nuit...

Maladie d'amour

J'ai une grippe qui s'aggripe à moi je crois... C'est juste que parfois je tombe malade. Je tombe malade tout comme on tombe amoureux. Ça te prend, ça te gifle en plein cœur mais tu sais que tu vas y survivre.

C'est qu'une grippe hein ! *Oué* c'est que de l'amour aussi *t'façon*. C'est juste que je prends froid je crois. Tout comme lorsqu'on prend *perpet'* en plein cœur.

C'est nul de tomber malade. Puis... Puis y en a même qui disent que c'est nul de tomber amoureux. Je sais pas trop, j'ai juste le nez bouché moi, c'est déjà mieux qu'une artère n'empêche. Mais bon, j'ai beau me moucher, cet incessant état courbaturé migraineux ressemble étrangement à un chagrin d'amour. *P'têt* que mon corps est peiné ?

Je comprends pas, on était bien tous les deux pourtant... Je prenais soin de lui, je l'écoutais et même que parfois je le regardais droit dans les yeux du miroir et je lui disais : « T'es pas trop mal pour ton âge tu sais ! »

Apparemment, ça suffit pas. Il me fait mal en plus, il me fait éternuer. J'ai l'air fine avec le nez qui coule. Attends ! Tu veux rire ? En plus c'est contagieux ! Tu chopes ça quand tu t'y attends le moins, ça te tombe dessus alors que t'avais rien demandé, ça te colonise le corps ce machin-là. Mince, je sais plus si c'est de l'amour ou de la maladie.

Je sais pas trop moi...

Y en a qui disent que tomber malade c'est comme tomber amoureux. Ça fait mal et ça fait éternuer les yeux, du coup on a le cœur qui coule. Je sais pas trop, j'ai juste une grippe moi et ça me va.

Papillon passionnel

Magnifique, subtil et si fragile, il émerveille, laisse sans voix. Il est d'une magnificence sans pareil. Tellement beau, tellement parfait que la perfection elle-même s'incline. Tellement irréel que la réalité elle-même se pare de ses plus belles couleurs oniriques.

Beau, mais hélas le terme de sa vie l'appelle au loin. Il ne le sait pas, le papillon, alors il papillonne encore et encore ; il émerveille plus fort et plus fort. Il ne sait pas que sa fin est incontournable, alors il butine, le papillon, de fleurs en fleurs, il profite avant que sa vie ne meurt...

Le papillon, cet insecte aussi précieux qu'éphémère me rappelle la passion amoureuse aussi précieuse qu'éphémère. Ton coeur bat aussi vite que ses ailes, fragiles autant qu'elles... En un temps, elle te prend, te vole ta raison qui te laisse voir la vie en couleur et elle t'achève en te laissant voir la vie en noir et blanc.

Toi qui trouvait même du romantisme jusqu'aux selles de l'être aimé, ne deviendra qu'un corps dévêtu d'une âme apaisée. Car tout comme le papillon, la passion t'illumine au début pour brûler vif ton coeur à terme... Alors aime, oui aime, mais jamais au-delà de l'amour...

Trois petits points et puis s'en va

On s'est disputé.
C'est comme ça qu'on s'est rencontré.
Nous avions nos positions,
Et chacun y allait de ses arguments (in)fondés.

Puis on s'est apprécié.
C'est comme ça que ça a commencé.
Nous avions nos ambitions,
Et chacun avançait comme il le pouvait.

On s'est séparé.
C'est comme ça que ça s'est terminé.
Nous avions nos déceptions,
Et chacun s'est retourné, sans mots ni pensées.

On ne s'est plus quitté depuis qu'on s'est quitté.
Puis on ne s'est jamais retrouvé depuis qu'on s'est retrouvé.
C'est lorsque tu veux mettre des points
Qu'on t'impose des virgules,
Car lorsque tu te mets entre parenthèses,
On se met en exclamation.

Sauf que toi, la seule chose que tu demandes,
C'est cesser d'être en suspension
Pour gommer toute interrogation
Et retirer ces guillemets,
Pour enfin tourner la page,
Et puis signer d'un point à la ligne.

Impossible, car une histoire s'écrit à deux,
Et qu'il m'a volé l'encre de ma plume...

Marchand de sable

Cette insomnie qui prend mon coeur et le détruit,
Cette insomnie qui maltraite mes nuits,
Lorsque tout en toi t'envahit,
Que l'écho de tes péchés s'écrit
Sur un mur jadis de prières blanchies.

La peur de Le perdre s'obscurcit.
Alors je rends ce rêve maudit
Au marchand de sable qui me nuit,
Et je prie de me laisser Le prier, oui, je prie...
Au sol, le pardon n'a de son que les larmes ici...

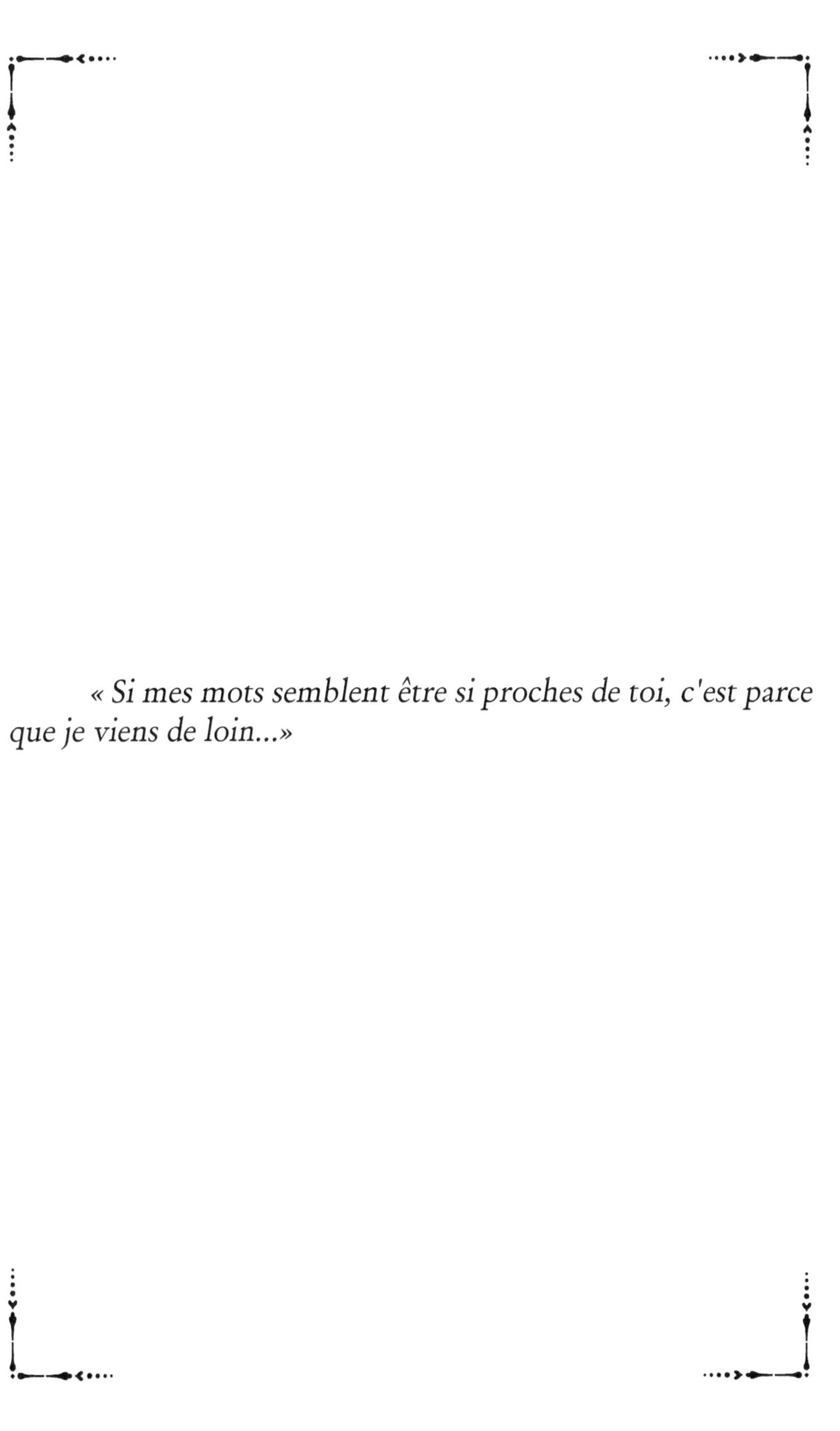

« *Si mes mots semblent être si proches de toi, c'est parce que je viens de loin...*»

Moussa

En faveur de l'opprimé...
En faveur de son innocence...
En faveur des calomniés...
En faveur de leur déchéance...

En défaveur d'une vérité amputée...
En défaveur de la malveillance...
En défaveur d'honnêteté défigurée...
En défaveur de l'ignorance...

Je clame haut et fort,
Que le mal n'est que le fruit d'un bien avorté...
Je clame haut et fort,
Que le bien n'est que le fruit fertile d'amour et paix...

En prison et emprisonnés avec toi, nous le sommes...

Vent violent

Que veux-tu nous dire ?

Tu souffles car on s'essouffle,
Tu cries car on survit.

Même ta colère s'exaspère
D'entendre les méandres de ton requiem
Qu'aucun homme n'aime...

Pourtant tu es messager... mais sage est l'homme que
lorsque Dieu le touche... se couchent les corps sans tort à terre,
et laisse taire nos cœurs qui se meurent.

Tandis que toi le vent,
Tu chantes fort aux portes de nos âmes...

Denrées périssables

Assise devant mon bureau, je me tourne le dos.
Et quand l'agression émotive de l'homme s'en prend à moi,
Alors se mélangent peine et désarroi.

Dieu merci, je dois faire mes courses,
Oui, je dois faire mes courses, mais tout m'essouffle...
Mon frigo vide, me rappelle les hommes cupides,
Insipides et livides...

Dans les rayons, j'ai une envie de tout et de rien à la fois...
Je me laisse guider par mon caddie,
Débordant et frôlant la crise de foie...
De ces jours où l'injustice humaine
Engendre le vide au lieu de la haine...

Pas envie d'être comprise au milieu des boissons gazeuses...
Juste envie de crier mes émotions vaporeuses...

Qu'est ce qu'on s'en fiche,
Que je paye en American Express ou Ticket Resto ?
Qu'est ce qu'on s'en fiche,
Que tout mon être veuille acheter la colère en promo !

Ici, ne jure que surconsommation,
Sûr qu'on somme tout le monde qu'acheter c'est Être.

Alors, comme je ne me sentais plus,
Moi, blessée par l'avarice émotionnelle,
J'ai été là où tout être,
Normalement « con-situé » sur cette terre,
Existe à travers sa CB.
Le temple des âmes, ce centre commercial,
M'avale et me fane.

Je consomme, donc je suis.
J'y suis, je suis mon caddie, ici je suis.
Et ça tombe bien j'ai besoin d'Être.
Qu'est ce qu'on s'en fiche, qu'ici je sois dinde ou poire ?
Qu'est ce qu'on s'en fiche,
Qu'ici je sois i-tech ou un produit qui vend de l'espoir ?

Juste envie de troquer les déboires,
Au lieu de tronquer mon histoire.
Bref, je dois faire les courses.
Peut-être que là-bas, entre camembert et crevettes,
Je trouverai une paire de tendresse offerte...

« Seul sur le sable, les yeux dans l'eau »

Parfois, on cherche la solitude. Et puis lorsqu'on l'a trouvée, on ne comprend pas pour quelle raison on ne se sent pas seul.

En réalité, on ne comprend pas qu'elle est une compagnie. Parfois même, une compagnie oppressante, demandeuse, jalouse aussi.

La solitude nous veut pour elle toute seule ! Elle veut s'accaparer chaque instant partagé avec elle.

La solitude ne veut pas nous laisser seul… Alors on s'isole encore plus dans les méandres du vide social. Mais la solitude reste notre compagne présente à chaque inspiration. Bavarde, cette dernière s'adresse à nous par ces incessants silences. Sauf que parfois dans cette cacophonie sans sons, on cherche à la fuir ! Et on s'entoure tant bien que mal d'une abondance humaine.

Mais la voici à nouveau qui apparaît au milieu de la foule et elle nous enveloppe, nous embrasse et nous coupe de toute vitalité sociale. Peut-être qu'elle agit ainsi car la solitude en a juste marre d'être seule…

Juste envie de leur dire

Parfois, j'ai très très envie de dire à mes enfants combien je les aime, combien ma vie fut une renaissance depuis eux. Très envie de leur dire que le simple fait de les entendre respirer la nuit dans leur sommeil est une berceuse pour moi et que je me surprends à rester plus d'une heure à les admirer en train de dormir.

Très envie de leur dire que la tendresse qu'ils ont l'un envers l'autre est la plus belle preuve d'amour qu'ils puissent me faire. Très envie de leur dire que ma vie leur fut vouée avant même qu'ils n'existent.

Très envie de leur dire que l'amour que je leur porte me dépasse tellement, que parfois je pleure juste de penser que je les aime, qu'ils m'aiment et que j'ai de la chance de les avoir dans ma vie. Très envie de leur dire qu'ils me manquent alors qu'ils sont à côté de moi tellement j'aimerai figer nos moments de bonheur.

Très envie de leur dire que peu importe leur vie, je veillerai sur eux, de leur premier souffle jusqu'à mon dernier souffle...

J'ai envie de leur dire : « Mon fils, ma fille, je vous aime. »

Alors je leur dis...

A bord d'une barque

Certaines rencontres vous effleurent, vous rappelant combien d'autres vous ont bouleversé.

Qu'elles soient aussi douces qu'une brise au bord d'un lac ou aussi puissante qu'un mistral enivrant, elles ont toutes un rôle dans votre vie, car la rencontre d'autrui c'est la promesse de la rencontre de soi...

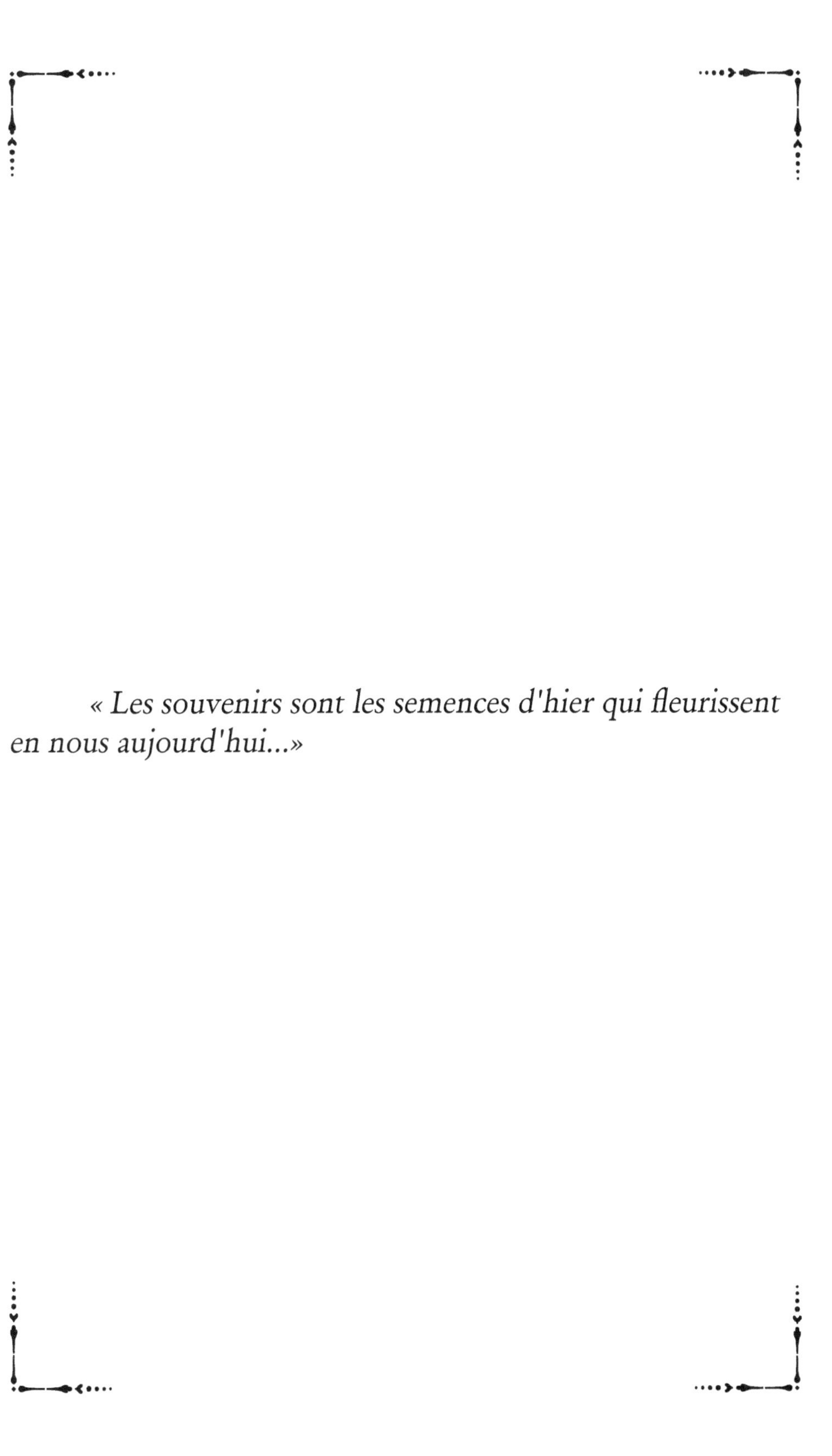

« *Les souvenirs sont les semences d'hier qui fleurissent
en nous aujourd'hui...*»

Vue sur la mer

J'ai pris la route de l'impossible,
Peur au ventre, l'avenir inaudible.
J'ai pris la route de l'impossible,
Animée par mes anxiétés peu crédibles.

J'étais décidée à m'affronter,
Décidée à me pousser, m'élever.
Si c'est cette route qui me fait angoisser,
Alors ce sera celle-ci que j'emprunterai.

Vue sur la mer, au bout, ma victoire,
La peur ne m'a pas empêchée d'y croire.
Durant ce voyage, j'ai suffoqué, effrayée,
Je me suis faite confiance et j'ai continué.

Maintenant je repense au chemin du retour,
Je le prendrai envers moi, pleine d'amour.
Car jusqu'ici je me suis portée,
Et la route de l'impossible m'a dotée de fierté,

Car oui, je l'ai fait !

La Terre se lit en relief

Les arbres s'indexent vers le ciel, attestant de Son Unicité, leurs cîmes tremblent d'amour devant Sa Grandeur.

La Terre se lit en relief.

Les montagnes ombrent la poussière de nos péchés, nos corps inspirent l'air que les fleurs parfument et expirent l'air de nos fleurs intérieures fanées, victimes d'une terre jadis fertile. Une terre si sombre que le noir lui-même s'éclaircit.

Les nuages voyagent et transportent avec eux Sa Miséricorde qu'ils déversent sur nous. Cette pluie d'invectives humaines, ce torrent d'insanités s'inclinent le temps d'une trêve nuageuse.

La Terre se lit en relief.

Un désert de paix, un océan de guerre... Les mers pleurent de peur et leurs grands frères les protègent. Parfois ils crient leur colère, messagers de Sa Divinité. Ils imitent l'homme, veuf de valeurs et de limites et emportent sur cette terre qui flirte avec l'eau, les quelques miettes de vie que le monde porte, tandis que le soleil s'épuise et se meurt aux creux des vagues.

La Terre se lit en relief.

Du Pôle Nord au Pôle Sud, de notre être convergent des rivières sanguines et sanguinaires. Le centre de la Terre bat au rythme de notre cœur. « Ne t'enferme pas dehors, sors de ton esprit, tu es libre de Le sentir à tes côtés à chaque fois que tu emprisonneras ton ignorance ».

Paix.

De vous à moi, de mot à mot

Quand je pense à tout ce que j'ai pu écrire, tout ce que j'ai pu ressentir puis retranscrire.

Quand je pense à ces mots porteurs d'espoir qui se sont envolés et se sont fait voler leur liberté.

Quand je pense à ces mots colorés qui ont terni comme usés par la vie, vieillis et poussiéreux, ils ont fini sur une page imprimée, office de marque-page.

Quand je pense à tout ce que j'ai voulu vous dire et tout ce que je n'ai jamais osé me dire.

Quand je pense que derrière un livre, une phrase ou un écran, se cache une âme.

Quand je pense à toutes ces fois où les mots pudiquement écrits auraient dû faire crier nos émotions.

Quand je pense à toutes ces fois où ils ont été lus sans le moindre dédain.

Quand je pense au pouvoir des mots que certains bafouent par des « pk », « lol », « jtm ».

Alors je me dis que Baudelaire n'a pas assez parfumé les *Fleurs du Mal.*

Alors je me dis que Maupassant n'a pas assez retranscrit sa folie dans *Le Horla.*

Alors je me dis que Jules Verne ne nous a pas vraiment fait voyager dans ses ouvrages.

Oui, je me dis que Rousseau n'a pas été si intime que cela dans ses *Confessions.*

Sûrement oui...

Car les mots si puissants ont l'air d'avoir perdu leur pouvoir.

Vous savez celui qui rend reine une femme avec un « Je t'aime », orné de poésie.

Ce mot qui rend vaillant un être affaibli avec un «courage» armé d'espoir.

Celui qui rend clément un être blessé avec un « pardon » porté par la sincérité.

Un mot ne se dit pas, il se vit parfois par un silence, un regard, un sourire, une larme.

Et sans conclusion aucune, je me retrouve sans mots pour exprimer ce sentiment de lassitude et d'espoir réunis.

Je m'interroge... je vous interroge.

De vous à moi, de mot à mot...

Dites-moi, que serait un mot sans âme ?

Demain ne sera qu'hier

C'est difficile de se séparer d'hier
Et tellement inconnu de laisser faire,
Un avenir dont on ne connaît que le rire,
Un avenir dont on ne peut se suffire.

Alors on préfère embrasser le passé.
Lui au moins, nous est familier,
Même si parfois son baiser est salé...
Certains pourtant ont osé...

Fermer les yeux et se laisser envelopper
Par ce que demain peut engendrer,
Et finalement ils ont l'air heureux,
Tandis que nous, toujours aussi peureux,
Resterons là et las, hélas...

Il est un compagnon qui nous voue fidélité,
Il régit nos humeurs, c'est l'amertume des regrets...

« *Victime de ma plume j'ecris car je ne suis qu'une heartist et on me dit que je sais écrire ; en réalité, c'est vous qui savez me lire...*»

Table des Matières

Imprimé en France